AuthorHouse™
1663 Liberty Drive, Suite 200
Bloomington, IN 47403
www.authorhouse.com
Phone: 1-800-839-8640

© 2008 Dr. Miguel Lugo, M.D. All Rights Reserved.

No part of this book may be reproduced, stored in a retrieval system, or transmitted by any means without the written permission of the author.

First published by AuthorHouse October 10, 2008

ISBN:978-1-4389-1572-2

Library of Congress Control Number: 2008910492

Printed in the United States of America
Bloomington, Indiana

This book is printed on acid-free paper.

# DOMINÓ COMPETITIVO

## JUGANDO COMO LOS CAMPEONES

MIGUEL LUGO

# Dedicatoria

*Este libro está dedicado a Liny quien,*
*Desde que teníamos 14 años de edad,*
*Ha compartido mi vida,*
*Mis éxitos y fracasos,*
*Mis alegrías y tristezas,*
*Mis anhelos y temores;*
*En fin,*
*Mis sueños.*

# Tabla de Contenido

1. Introducción — 1

## TECNICAS BASICAS
2. Reglas Generales — 3
3. La Mecánica del Juego — 7
4. Las Tres Leyes del Dominó — 18

## TECNICAS INTERMEDIAS
5. Ejercicios Mentales — 22
6. Análisis de las Fichas en Mano — 24
7. La Salida — 27
8. Llevando Cuenta de las Fichas — 33
9. Tapar, Repetir y Cuadrar — 36

## TECNICAS AVANZADAS
10. La Comunicación entre Compañeros — 43
11. Como Jugar los Dobles — 49
12. La Estrategia Según la Posición de Juego — 56
13. Halar la Mano — 63
14. Haciendo Casitas — 66
15. Como Localizar las Fichas no Jugadas — 69
16. El Cierre — 74
17. Las Tres Puertas (y otros Cuentos del Dominó) — 83
18. Juegos Ejemplares — 94

## APENDICE
Diccionario de Términos Dominísticos — 115
Reglamentos de Torneos — 117
Bibliografía — 118
Indice — 120

# Introducción

El dominó, deporte y pasatiempo, continúa ganando popularidad en el mundo entero. ¿Y porqué no?

Es un juego entretenido, fácil de aprender a jugar, pero con suficiente complejidad para que permita un estudio que puede durar toda una vida.

Las fichas son duraderas, portátiles y fáciles de obtener.

Se juega como diversión entre amigos, o en reñidas competencias locales e internacionales.

Se puede jugar por internet.

Se compite por dinero o por el orgullo de vencer.

El dominó ha capturado una audiencia global al presentarse por los medios de comunicación, en especial la televisión. La cadena ESPN ha auspiciado y televisado competencias que se han visto en los medios de Latinoamérica, Europa y (tanto en inglés como español) en Norteamérica.

En el año 2001 la Federación Internacional de Dominó (con sede en Barcelona, España) celebró el 1er Congreso Internacional. El año siguiente se llevó a cabo el 1er Campeonato del Mundo de Dominó en la Habana, Cuba. El "Mundial" continúa celebrándose anualmente a partir de este punto, en España, México, Venezuela y EEUU.

El dominó nunca ha estado tan reconocido como ahora.

Este libro está escrito para el lector que quiera unirse a los que ya estamos "enganchados" al juego, para que comparta esta pasión por los siete numeritos que nos hacen pensar, sufrir y gozar de tal forma.

¡Que viva el dominó!

# TÉCNICAS BÁSICAS

# Reglas Generales

Jugamos el dominó con un grupo de 28 fichas, utilizando los siete números del cero al seis. El cero lo llamamos el blanco, pues la ficha carece de número y aparenta estar "en blanco". Las fichas de dominó tienen dos partes, cada cual con su número propio.

Hay siete fichas de cada número, y ellas componen lo que llamamos un "palo". Por ejemplo, estas son las fichas del palo de los cuatros:

Reconozcamos que una ficha, el ▦, tiene un 4 por los dos lados. Esta ficha se conoce como un "doble". Cada número tiene su doble, por lo cual hay 7 de ellos.

Las 28 fichas se distribuyen entre cuatro jugadores que se sientan alrededor de una mesa cuadrada. Los jugadores que se sientan en lados opuestos son un equipo que compite contra los otros dos jugadores.

Las fichas se pueden sostener en las manos, o apoyarlas en unos puestos llamados "atriles". Las mesas especialmente diseñadas para jugar dominó vienen con atriles empotrados.

Cada ficha tiene un cierto valor numérico que se obtiene al sumar sus dos lados. El ▦ por ejemplo vale cinco puntos, mientras que el ▦ vale 6 + 5 = 11 puntos. Las fichas de más valor se les puede llamar "pesadas", y así hablamos de un grupo de mucho valor en mano diciendo "Estoy pesado" o "cargado".

La suma total de los puntos en las 28 fichas es 168. Debemos memorizar este número, pues es muy importante para algunas decisiones tomadas durante el juego.

Un encuentro o partida entre dos equipos se compone de varios juegos, los cuales otorgan puntos para el equipo que los gana. El encuentro se empieza revolviendo las fichas boca abajo (que no se vean los números). Cada jugador escoge y descubre una ficha y el jugador con la de más puntos (sumando los dos lados) empieza la partida. En caso de un empate, la ficha con el número más alto decide quien empieza; por ejemplo, el [🁡] le gana al [🁡]. La salida es rotativa, es decir se toman turnos después del primer juego.

Se viran las fichas, ocultando los números; se mueven otra vez, y cada jugador escoge siete de ellas. Las fichas escogidas no deben ser vistas por los otros jugadores, porque esto le podría dar una ventaja injusta a un equipo u otro. Si un jugador escoge cinco o más de las fichas dobles, se le da la opción de mostrarlas y pedir volver a repartir todas la fichas, o no decir nada y jugar con ellas. Esto se permite porque tener tantos dobles debilita la mano de tal forma que es casi seguro que va a perder. Después de repartirlas se espera unos momentos en lo que se organizan y estudian las fichas antes de empezar el juego.

El jugador designado pone la primera ficha en la mesa y el turno pasa en dirección en contra de la manecillas del reloj. Los jugadores tienen que poner una ficha cuyo número sea igual a uno de los dos lados de la estructura que se desarrolla (llamado el "esqueleto"). Las fichas dobles se colocan al transverso, las otras a lo largo del esqueleto. Si un jugador no tiene una ficha que pueda jugar, debe decir en voz alta que pasa y pierde su turno. No se puede pasar si se tiene una jugada legal.

Estos son ejemplos de jugadas legales:

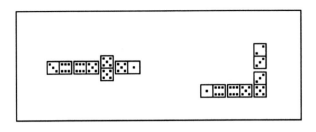

Estos son ejemplos de jugadas ilegales:

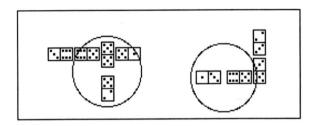

El juego termina de una de dos formas. Si un jugador pone su última ficha entonces gana el juego; se dice que ha "dominado". Se suman los puntos de todas las fichas no jugadas y el total se le adjudica al equipo del ganador.

La otra forma de terminar un juego es si se hace una jugada que evita que las otras fichas se puedan jugar. Esto se llama un "cierre" o un "tranque". Ahora se suman las fichas sin jugar de cada equipo, y al *equipo* que tenga menos puntos se le adjudica la suma total de las fichas. Si la suma de los equipos es igual entonces el juego se declara nulo y no se dan puntos. El juego se repite, volviendo a empezar el jugador que lo hizo originalmente.

Al terminar un juego y ya sumados los puntos, las fichas se vuelven a virar (escondiendo los puntos) y se mueven. El jugador a la derecha del que empezó el juego anterior empieza el siguiente. De esta forma los jugadores toman turnos empezando los juegos, siendo la salida rotativa.

La puntuación se lleva en un papel con dos columnas para cada equipo. La primera columna es para los puntos ganados en cada juego, y la segunda es para la suma total. Se pueden poner los nombres de los jugadores, o (muy tradicionalmente) los equipos se marcan como "Nosotros" y "Ellos" (desde el punto de vista de quien lleva la puntuación). Se continúan con los juegos individuales hasta que un equipo llegue a la puntuación meta; la partida más común se juega hasta los 200 puntos. Este es un ejemplo de lo que podría ser un encuentro a mitad de camino:

NOSOTROS · ELLOS

| 14 | **14** | 35 | **35** |
|---|---|---|---|
| 43 | **57** | 51 | **86** |
| 39 | **96** | | |
| | | | |

# La Mecánica del Juego

En este capítulo presentamos 3 juegos como ejemplos de la mecánica de jugar al dominó. La forma más fácil de comprender estos juegos es poniendo sus propias fichas en una mesa según discutimos las jugadas. Debemos comprender que las jugadas hechas por los jugadores no son necesariamente las mejores en estrategia; las usamos para ilustrar posibilidades y formas diferentes en que los juegos se pueden desarrollar y terminar.

En estos ejemplos descubrimos todas las fichas de los jugadores para poder ver las opciones y entender mejor lo que sucede. En las competencias no se muestran las fichas a nadie, pero es muy útil el jugar con ellas descubiertas cuando se enseña al principiante o para discutir estrategias.

A través del libro vamos a identificar a los jugadores en una de dos formas. La primera es según la posición en que se sientan alrededor de la mesa, usando los puntos del compás. NORTE y SUR, por lo tanto, son un equipo compitiendo en contra de ESTE y OESTE. En nuestros ejemplos, NORTE estará en la parte arriba del cuadro, OESTE en la parte izquierda, SUR abajo, y ESTE a la derecha.

La otra forma de identificar a los jugadores se basa en la ventaja relativa de uno sobre el otro. El jugador líder, o "Mano", es el que tenga el menor número de fichas al llegar su turno. Si no se le hace pasar, obligatoriamente gana el juego al poner su última ficha antes que nadie ("dominando" el juego). El siguiente jugador con menos fichas le llamaremos el "2nda Mano", el próximo "3ra Mano", y el último le llamaremos "Porra".

La posición en que los jugadores están sentados es fija durante la partida. El que se sienta en la posición SUR, por ejemplo, no puede cambiar de asiento con su compañero NORTE hasta que se inicie otra partida. Las posiciones relativas, sin embargo, cambian constantemente durante un juego (según los jugadores pasan), y es de gran importancia el estar pendiente de quien lleva la ventaja en todo momento.

JUEGO 1: Ejemplo de un juego que termina "dominando", al salir la última ficha.

Este es el primer juego de la partida y por lo tanto hay que decidir quien empieza. Los dominós se revuelven y todos escogen una ficha. El jugador SUR descubre el [img], que con 9 puntos resulta ser la ficha descubierta de más valor; por consiguiente él tiene la salida.

Esta es la distribución de las fichas después de revolverlas y de cada jugador escoger 7 de ellas:

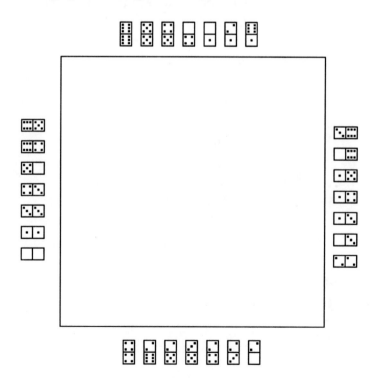

SUR sale con el [6|3|6]; más tarde estudiaremos como escoger esta primera ficha a jugar. Por ahora aceptemos que es una buena jugada.

ESTE sólo tiene una jugada, la ficha [4|3|1]. NORTE puede jugar por el 4 ó el 1, y escoge jugar el [1|5]. OESTE tiene varias posibilidades pero decide jugar el [5|6]. Esta estructura que se está desarrollando (la cual llamamos el "esqueleto") se ve de tal forma al acabar la primera ronda:

Como nadie ha pasado, las posiciones relativas no han cambiado; SUR es Mano, ESTE es 2nda Mano, NORTE es 3ra Mano, y OESTE es Porra. SUR ahora juega el [5|2]. ESTE otra vez tiene una sola jugada, "doblarse" (jugar la ficha doble) con el [2|2]. NORTE escoge jugar el [2|1] y OESTE el doble [1|1]. Después de esta segunda ronda, la mesa se ve así:

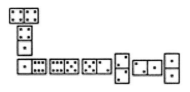

SUR no tiene 1s y por lo tanto se ve forzado a jugar el [2|3]. Aunque él hubiera preferido no jugarla, no es legal el pasar si se tiene una ficha que "quepa" (se pueda colocar) por uno de los dos lados del esqueleto. El jugador ESTE no tiene dos y decide poner el [1|3]. NORTE no tiene dos ni tres y por lo tanto anuncia que pasa. OESTE juega el [3|3].

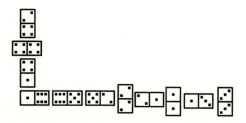

NORTE, habiendo pasado en esta ronda, es el jugador con las más fichas (cinco), y ahora es el Porra. Su compañero SUR mantiene la posición líder y sigue siendo Mano.

Siendo su turno, SUR juega el [2|2] en el doble 3; ahora los dos lados del esqueleto tienen un 2. Esta jugada se llama "cuadrar" y es muy poderosa y agresiva, porque dándole al jugador siguiente un solo número en que jugar (en este caso el 2) aumenta la probabilidad de hacerlo pasar.

SUR tiene todos los 2s restantes (cinco jugados y dos en su mano) y por lo tanto todos los otros jugadores pasan. Es su turno otra vez y juega el [2|6] . SUR es ahora tanto la Mano como la 2da Mano, pues le quedan dos fichas y mantiene la ventaja aunque pase una vez.

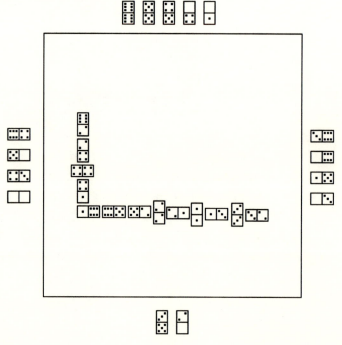

ESTE sigue con el 6|1 y NORTE pone el □|1. Ahora OESTE pasa y SUR, que no tiene 1s, tiene que jugar el 2|1. Esta ficha, la última de su palo, se le llama la "puerta" al palo. Se dice que SUR se vió forzado a soltar "la puerta de los 2s."

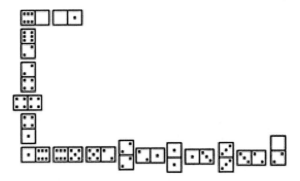

Ahora ESTE juega el □|2. NORTE pasa y OESTE pone el 2|4. SUR pasa (no tiene 4s ni 1s) pero todavía tiene la ventaja de ser Mano, quedándole una sola ficha. ESTE juega el 1|4. NORTE juega el 4|5 en el 5, cuadrando a 4. OESTE suelta su único 4, el 4|6. SUR pasa otra vez, perdiendo su ventaja posicional, y ESTE gana al dominar con su última ficha, el 6|2.

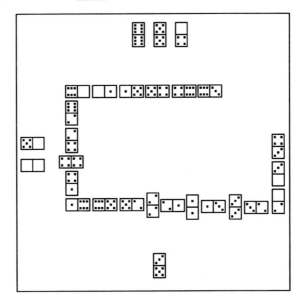

Sumamos los puntos de las fichas que se quedaron sin jugar y se le apunta el total al equipo ganador, ESTE y OESTE. Con 39 puntos ganados ya este equipo empieza su marcha hacia la meta de 200 puntos para ganar la partida.

JUEGO 2: Ejemplo de un juego que termina en un cierre.

Los dominós se vuelven a virar y el jugador que salió anteriormente ahora los revuelve. La salida le toca al próximo, el jugador ESTE. Al recoger sus siete fichas, el jugador OESTE descubre que tiene cinco dobles y, como las reglas le permiten hacerlo, decide rechazarlas y pide que se revuelvan las fichas una vez más. Estas son las fichas después de volver a escogerlas:

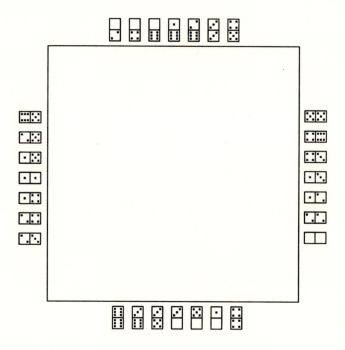

ESTE sale con el [·|·], seguido por el [·|] de NORTE. OESTE, sin blancos, pone el [·|::] y SUR (que empieza el juego como Porra) decide doblarse con el [::|::]. ESTE empieza la segunda ronda con el [::|:::] y NORTE ataca, cuadrando a blancos con el [img]. OESTE pasa al no tener blancos. SUR juega el [img].

ESTE retiene la ventaja de ser Mano; su compañero OESTE, al pasar, se convierte en Porra. Esta es la mesa después de las dos primeras rondas:

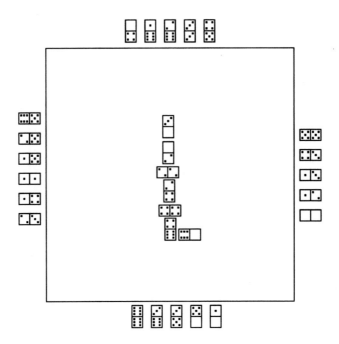

ESTE decide jugar el [img], seguido por el [img] de NORTE y el [img] de OESTE. Esta jugada le permite ahora a SUR el cuadrar otra vez a blancos, con el [img].

ESTE todavía mantiene su ventaja posicional de ser Mano con el menor número de fichas a jugar; se dobla con el [img]. NORTE juega su último blanco, el [img], y le sigue el [img] de OESTE. Ahora observamos que SUR tiene la "ficha de cierre", el [img]. Esta es la séptima (y última) ficha del palo (la "puerta"), que se puede usar para cerrar el juego de tal forma que no haya jugada legal posible por hacer. El jugador cuadra a blancos, "cerrando" el juego.

Esta es la mesa después de SUR jugar:

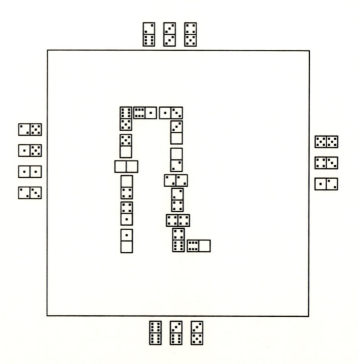

Al cerrarse el juego se suman los puntos de las fichas no jugadas *de cada equipo* y el que tenga menos puntos los gana todos. NORTE y SUR tienen un total de 52 puntos entre los dos, y la pareja ESTE-OESTE tiene 40 puntos. Esto decide que la pareja ESTE-OESTE gana el juego y se les otorgan los 92 puntos sin jugar. El cierre de SUR resultó ser un error muy costoso, y ahora su equipo va perdiendo 131 puntos a 0.

JUEGO 3: Ejemplo de un juego en que dobles son eliminados del juego.

Las fichas dobles pueden ser eliminadas del juego, quedándose en mano sin posibilidad de soltarlas. Esto sucede si la sexta ficha de un palo se pone junto a la quinta, sin haber permitido que el doble jugara antes. A los dobles en esta situación se les llama "ahorcados".

Rotando la salida le toca ahora a NORTE el comenzar el juego. Esta es la distribución de fichas antes de comenzar:

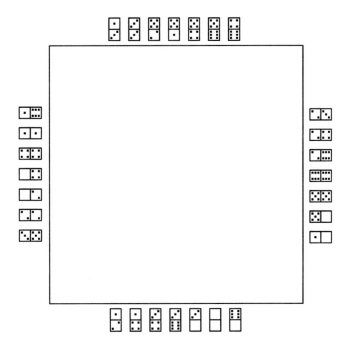

NORTE inicia con el ▥. OESTE pone el ▥. SUR cuadra a 6 con el ▥. ESTE juega su doble ▥. El esqueleto se desarrolla así:

En la segunda ronda NORTE tiene que cubrir el 6, uno de sus palos iniciales, y juega el ▥. OESTE se dobla con el ▥, seguido por el ▥ de SUR y el ▥ de ESTE. NORTE retiene la posición Mano.

NORTE repite su salida a 5 al jugar el ▥. OESTE, al no tener 5s, tiene que soltar su último 6, el ▥. Ahora SUR repite el 4 (▥), y ESTE lo cubre con el ▥.

La cuarta ronda empieza con NORTE jugando el ▥, cubriendo su 5 porque no tiene 2s. OESTE se dobla (▥).

SUR pone el [•.|•] en el 2, cuadrando a 1s. La única jugada de ESTE es el [•| ].

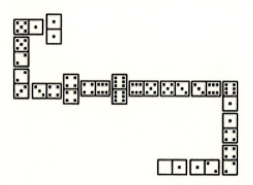

NORTE todavía es la mano, pues no ha pasado, y juega el [•|•.]; está forzado a hacerlo al no tener blancos. OESTE le sigue con el [ |•.]. SUR juega el [•.| ] en el 3 y ahora nos damos cuenta de algo:

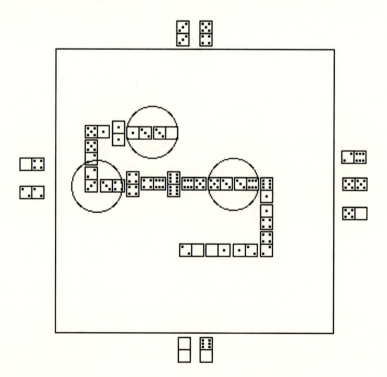

¡No hay forma de jugar el 3-3! Los otros seis 3s están jugados, y por lo tanto el doble se considera "ahorcado". Está en manos de NORTE y, aunque tenga la ventaja, jamás podrá "dominar" el juego al no poder poner esta ficha. La única forma de que el equipo NORTE-SUR pueda salvarse de este problema es si SUR domina o si ganan un cierre.

La ronda se completa al ESTE poner el 0-5. NORTE juega el 5-5, y ahora vemos que el 5-6 también está ahorcado. Otro jugador está fuera de competencia, esta vez ESTE que tiene el doble 5. ¡TOMA!

OESTE tiene para escoger entre jugar el 2-2 ó el 3-3. Observa que su doble 2 está en peligro de ahorcarse pues ya hay jugados cinco 2s. Además, el 2-2 en sus manos es la puerta de los 4 (el séptimo y último de ellos) y si el jugador líder pasa puede ganar con él. ¡Se dobla rápidamente!

SUR (sin 2s ni 4s) pasa; ESTE juega su 1-6. NORTE, con su 3-3 ahorcado, pasa y OESTE gana al poner su 2-2.

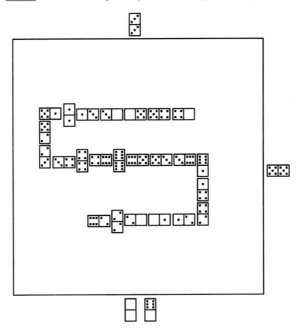

ESTE-OESTE suman 22 puntos más y la partida está 153 a 0.

# Las Tres Leyes del Dominó

Si usted es un jugador principiante no es necesario leer más de este libro. Con las reglas y principios mencionados en los capítulos anteriores, ya puede disfrutar de este juego tan divertido. El dominó se convierte entonces en un entretenimiento donde el factor más importante que decide el juego es la suerte.

Estoy seguro, sin embargo, que este conocimiento básico no satisface a quien ha comprado este libro. Usted desea convertirse en un jugador de primera, con la sabiduría para tomar decisiones que le permita competir con otros buenos jugadores. Si es así, querido lector, entonces continúe leyendo los siguientes capítulos.

El jugador astuto, después de estudiar varias partidas, observa que puede aumentar las probabilidades de ganar siguiendo unas estrategias básicas. Inspirándonos con las historias robóticas de Issac Asimov, presento "Las Tres Leyes del Dominó":

**Primera Ley**: El jugador de dominó debe desarrollar sus palos principales y ayudar a su compañero a hacer lo mismo.

**Segunda Ley**: El jugador de dominó debe prevenir el desarrollo de los palos principales de sus contrincantes, mientras no interfiera con la Primera Ley.

**Tercera Ley**: El jugador de dominó debe jugar fichas que eviten quedar fallo, mientras esto no interfiera con la Primera y Segunda Ley.

La Primera Ley dice que debe desarrollar sus palos principales; es decir, los que más fichas tiene. Por ejemplo, si escoge las siguientes siete fichas:

el palo principal es el de los 4s (pues tiene cuatro de ellos), seguido por los 2s (con tres de ellos).

Estos palos se desarrollan al jugarlos y al tratar de no cubrirlos, a menos que sea forzado a hacerlo. Si tiene muchas fichas de un palo entonces los contrincantes deben de tener pocas de ellas. Por ende se les hace pasar con más facilidad si se les presentan estos números.

La Segunda Ley dice que se debe prevenir el desarrollo de los palos de los contrincantes. Una manera de evitarlo es atacando continuamente con nuestros palos principales, pues esto limita las respuestas que tengan a nuestras jugadas.

Otra forma es mediante cubriendo sus palos y evitando el jugarlos. Por ejemplo, si ellos están jugando a 5s y se tiene en mano el 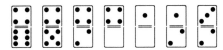, debemos usarlo para tapar un 5 en una punta del esqueleto. No debemos, por otro lado, jugarlo por un 4 y presentarles su ficha.

Estas jugadas de nuestra parte se deben continuar mientras no interfieran con el desarrollo de nuestros palos (Primera Ley).

La Tercera Ley dice que evitemos "quedarnos fallos". Esto quiere decir que, después de jugar una ficha, nos quedemos sin ninguna otra de ese palo. Por ejemplo, si tenemos estas fichas:

y vamos a jugar por un 4, entonces debemos jugar el [4|3]. De esta forma nos quedamos con un 4 y un 3 en nuestra mano. Si jugamos el [3|1], nos quedamos fallo a 1 (no tenemos más de ese palo) y podríamos pasar si nos atacan con el 1.

El tratar de no quedarnos fallo a un palo no es tan importante como las primeras dos leyes. A veces es necesario jugar la última ficha que tenemos de un número si haciéndolo así desarrollamos nuestros palos o prevenimos que nos ataquen con los de ellos.

En resumen, estas Leyes del Dominó nos ayudan a ser victoriosos, buscando que nuestros contrincantes pasen y evitando que nosotros lo hagamos. ¡Esta es la clave para ganar al dominó!

# TÉCNICAS INTERMEDIAS

# Ejercicios Mentales

Hay dos habilidades fundamentales que necesita un buen jugador de dominó. La primera (y más importante) es la **memoria**, que definimos como la facultad psíquica por medio de la cual se retiene y recuerda el pasado. La segunda es la **deducción**, o sacar consecuencias de un principio y, en general, llegar a un resultado por el razonamiento.

Usamos la memoria para obtener información del juego según se desarrolla. Con la deducción determinamos cual es la mejor jugada posible con las fichas que se tiene en mano.

Un jugador con experiencia puede, en cualquier momento del juego, decir quien jugó las fichas en el tablero y en que orden fueron puestas. Para desarrollar esta abilidad presento los siguientes ejercicios mentales que serán de gran ayuda.

Estos ejercicios no son fáciles pero con la práctica se simplifican. Podemos hacer de ellos una competencia, practicándolos entre juegos de la partida con nuestros compañeros. ¡El esfuerzo se convierte en placer al empezar a ganar más y más juegos!

En orden de menor a mayor dificultad:

1) Cuando sea nuestro turno, vamos a reconstruir el esqueleto de la fichas y en que orden se jugaron sobre la mesa.
2) Pidamos a alguien que escoja una ficha jugada al azar y recordemos qué jugador la puso.
3) Al terminar un juego recojamos nuestras siete fichas originales.

4) Al igual, recojamos las fichas que jugó nuestro compañero.
5) Finalmente escojamos las siete fichas con las que los dos contrincantes empezaron el juego.

Otra técnica importante es el saber el valor numérico de las fichas que se han jugado. Esto se hace casi siempre contándolas una a una, empezando por un lado del esqueleto hasta que se llega al otro extremo.

Recordemos también que la suma total de puntos en todas las fichas es 168. Esto permite que calculemos el valor de las fichas *que no se han jugado* mediante restando:

**168 – puntos jugados = puntos en mano**

Este valor numérico puede ser crítico para tomar ciertas decisiones durante el juego. Por ejemplo, si estamos contemplando hacer un cierre es de suma importancia (ver el capítulo 16). También puede ser parte de la decisión de hacer jugadas de alto riesgo; si hay poco que perder (pocos puntos sin jugar) nos da valentía a tomar esos riesgos.

Por último, usted puede impresionar a sus compañeros con una variación de esta técnica. Recuerdo competir con un hombre de 80 años de edad, el cual llevaba un contaje mental de las fichas según se jugaban. Inmediatamente que el juego terminaba, decía en voz alta la puntuación ganada antes de que pudiéramos contar las fichas en mano. ¡Esto es asombroso a cualquier edad!

# Análisis de las Fichas en Mano

Las siete fichas que escogemos al principio del juego representan nuestras armas con las que peleamos la batalla. Antes de jugar la primera ficha debemos estudiarlas con mucho cuidado, para identificar los palos fuertes y débiles. Esto nos ayuda a determinar la estrategia que seguiremos en las jugadas iniciales.

Las fichas se pueden organizar después de levantarlas de la mesa, de tal forma que los palos estén juntos. De esta forma se hace más fácil el analizarlas.

Veamos por ejemplo las fichas que levantó el jugador que empezó nuestro primer juego en el Capítulo 3.

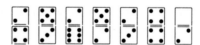

Es difícil el saber los palos fuertes en esta mano al verlos de primera intención. Si los reorganizamos de esta forma:

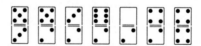

es mucho más fácil ver que tenemos cinco 2s. Sólo faltan dos más de las fichas de este palo, y si atacamos con ellos probablemente haremos pasar a los otros jugadores. También observamos que no tenemos 1s. Este palo nos puede hacer pasar y debemos evitarlo.

Nuestra estrategia inicial, por lo tanto, debe ser el desarrollar los 2s y evitar que los 1s se jueguen en nuestra contra.

Veamos esta otra mano:

Después de reorganizarlos,

vemos que esta mano carece de palos fuertes y le sobran debilidades. No hay más de dos de algún palo, no hay 1s ni blancos, y tenemos cuatro dobles. Como regla general, mientras más dobles tenemos, más difícil es dominar un juego. Estas fichas también están "pesadas", o sea, tienen gran valor numérico.

No se puede ganar todos los juegos. Esta mano es muy mala, y la estrategia debe ser el evitar el mayor daño posible, descargando la mayoría de puntos. Debemos jugar las fichas de más valor, lo antes posible, para que no nos las cuenten en contra.

Como no podemos montar una buena ofensiva (pues no tenemos palos fuertes) tratamos de apoyar a nuestro compañero. Le ayudamos a desarrollar sus fichas y le cedemos la iniciativa del ataque.

Este es otro ejemplo de fichas levantadas (después de organizarlas):

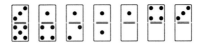

donde observamos que no tenemos 6s, pero estamos fuertes en 1s y blancos. Nuestra estrategia debe ser no sólo desarrollar estos dos palos atacando con ellos, pero también el tratar de forzar un cierre. Si tenemos pocos puntos en mano es más probable que ganemos si se presenta la oportunidad de cerrar el juego (siempre y cuando nuestro compañero no demuestre tener muchas fichas pesadas).

Aquí tenemos un último ejemplo:

Esta mano no tiene palos fuertes; sólo tiene dos de cada uno. Por lo menos no hay debilidades, al no carecer de ninguno (no estamos "fallo" a nada).

Aunque no podamos comenzar un ataque efectivo, podemos apoyar a nuestro compañero con qualquier palo que decida usar en su estrategia. También podemos interferir con los palos que nuestros contrincantes quieran usar, al taparlos con los nuestros e interfiriendo con su desarrollo.

Debe saber, querido lector, que en competencias de alto nivel no se permite tocar las fichas después de levantarlas. Al tocarlas para reorganizarlas se puede enviar información de nuestros palos al compañero, lo cual no es legal. Lo que es peor, si está compitiendo contra jugadores muy astutos, pueden deducir cuales son sus fichas (según vamos jugándolas). Observemos, por ejemplo, como los dobles comúnmente terminan en las esquinas. Si jugamos un 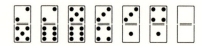 como la segunda ficha de esquina, entonces podemos asumir que la última ficha sea uno de estos dos palos, posiblemente el doble 5 o doble 3.

Le debo advertir por lo tanto que esta técnica de reorganizar las fichas se puede utilizar mientras seamos principiantes, pero se debe abandonar en cuanto desarrollemos más habilidad en el juego.

# La Salida

El privilegio de jugar la primera ficha del juego representa una gran oportunidad para el equipo que lo hace. No sólo se convierte en líder, el jugador que inicia tiene dos otras ventajas:
1. Empezar el ataque con su palo más fuerte. Este palo será el que su compañero apoye, mientras los contrincantes huirán de él o evitarán su desarrollo. Se asume (pero no se sabe con certeza al principio) que el jugador que comienza tiene por lo menos otro más de ese número (no es deseable quedar fallo).
2. Deshacerse de una ficha que en sus manos sea peligrosa, quizás porque interfiera con el desarrollo del palo fuerte, o porque es un doble que tema se ahorque. Como regla general, es común que la salida sea al doble más alto, tanto para descargar muchos puntos como para asegurarse no quedar con una ficha inútil en mano.

Ambos propósitos se pueden realizar a la vez, jugando la misma ficha. Por ejemplo, si nuestras fichas son:

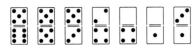

entonces el salir con el ⬛ empieza a desarrollar el palo más fuerte (los 5s) y a la vez descarta un doble que pueda ser difícil de jugar de otra forma.

Tengamos estos principios en mente al estudiar los siguientes ejemplos de salidas.

*Ejemplo #1: Sin Dobles*

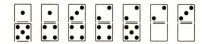

Esta mano no tiene fichas dobles. Su mayor defecto es estar fallo a 6s. Observamos que hay tres 4s y tres 2s y por lo tanto al salir con el [4-2] empezamos a desarrollar nuestros dos mejores palos.

El salir con una ficha que no sea un doble se llama una "salida abierta". Los otros jugadores, al no ver un doble, piensan de inmediato que el que sale de esta forma no tiene fichas dobles o que ha decidido quedarse con un doble por alguna razón de gran importancia. Ya se sabrá cual fue la razón al observar sus jugadas siguientes.

Comenzemos con el [4-2].

*Ejemplo #2: Un Doble en el Palo Fuerte*

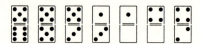

Si tenemos dos, tres o cuatro fichas de un palo, incluyendo el doble, entonces la jugada lógica es salir con ese doble. La única forma de asegurarse que un doble en mano no se ahorque es si tenemos cuatro o más fichas adicionales de ese palo. Tres de ellas no son suficiente, pues podemos jugarlas y las tres ser tapadas antes que vuelva nuestro turno. El salir con el [3-3] nos asegura jugar este doble y a la vez empezar a desarrollar nuestro palo fuerte.

La mejor salida es el [3-3].

*Ejemplo #3: Un Doble Fallo*

Si empezamos con un doble de un palo que no tengamos otras fichas (el ▢ en este ejemplo) estamos "saliendo fallo" a ese palo. Se puede considerar como un engaño, quizás para confundir a los contrincantes.

Sin embargo, esta jugada puede ser peligrosa por muchas razones. Primero, podemos terminar engañando a nuestro compañero, en tal caso quien trataría de desarrollar los blancos aunque no nos convenga. Segundo, perdemos nuestro único blanco (recordar la Tercera Ley – Capítulo 4). Tercero, es posible que estemos desarrollando el palo fuerte de nuestros contrincantes: no sólo los ayudamos, pero también perdemos una ficha que hubiera sido muy útil tener si nos atacan con los blancos. Por último, saliendo con el ▢ no nos permite descargar puntos, lo cual es importante si se presenta la oportunidad de cerrar el juego.

Una salida abierta con uno de los 4s (pues tenemos tres de ellos) parece ser más lógica. Si saliéramos con el ⚅ empezamos a desarrollarlos; tenemos otro 6 (no nos quedamos fallo) y deshechamos la ficha más alta. Más tarde si nuestro compañero nos vé jugar el  puede entender que, si no comenzamos con él, estamos débiles a blancos y nos debe proteger contra ellos.

Es buena la salida a ⚅.

*Ejemplo #4: Un Doble en Palo Débil*

Aquí nuestro palo fuerte es el 5, pero el ⚅ es una ficha muy peligrosa. Es la ficha más pesada del juego, y (con sólo un 6 más) se nos puede ahorcar. Salir con ella no parece ser una jugada fuerte, pero así eliminaríamos la peor ficha que tenemos y, por lo menos, no nos quedamos fallo. Si más tarde nos vemos obligados a tapar nuestro 6, podemos hacerlo con el ⚅ y por lo tanto atacar con nuestros 5s.

Salir con el [6|6] es, en realidad, la mejor jugada.

*Ejemplo #5: Un Doble en Palo Super Fuerte*

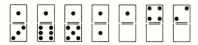

¡Esta mano es impresionante! Tenemos cinco del mismo palo, sin otros dobles ni estar fallo a nada. Podemos pensar que hay dos formas de jugar la salida.

La primera forma es salir con el [•|•]. Así podemos obligar a los otros jugadores que jueguen uno de los 1s que queda, quizás hasta los dos que no tenemos. De esta forma controlaremos el juego de forma decisiva. También es posible que hagamos pasar al jugador que nos sigue y obtener una segunda ventaja inmediatamente.

Poner el [•|•] es una salida agresiva, preferida por muchos jugadores.

También podríamos salir con el [•| ]. Observemos que el [•|•] en nuestra mano no se puede ahorcar y por lo tanto no es una salida peligrosa. Los contrincantes pensarán que no tenemos dobles fuertes y esto esconde la fuerza abrumadora de los 1s que seguirán. Por otro lado, si se nos fuerza a cubrir el 1, tenemos ese doble para continuar nuestro ataque. Jugar el [•|•] en el medio del juego le dice a nuestro compañero que empezamos con *más* de cuatro 1s, y que no tenemos fichas del palo del otro lado del esqueleto (pues no hubiéramos soltado este doble).

Aunque no es una jugada agresiva, prefiero empezar con el [•| ].

*Ejemplo #6: Dos Dobles*

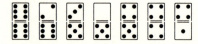

Vemos el ⟦4|4⟧ y el ⟦4|6⟧; esta mano no es tan buena. Como tenemos dos otros 4s y un solo 6s, una opción es jugar el ⟦4|6⟧. Nuestra esperanza sería que, al no tener el ⟦4|4⟧, quizás otro jugador cubra el 4 con esa ficha y nos permita doblarnos al 6. Un punto negativo es que la tendencia es salir con el doble más alto (si todo da igual) y por lo tanto podemos confundir al compañero, haciéndole creer que el 4 es nuestro mayor doble. ¿Deberíamos entonces salir con el ⟦4|4⟧ y eliminar la ficha más pesada?

Es difícil saber cual salida es mejor y no creo que haya ventaja con un doble que el otro.

*Ejemplo #7: Dos Dobles con Palo Fuerte*

Aquí es más fácil elegir la mejor ficha para salir. Los 5s son nuestro palo fuerte y la salida a ⟦5|5⟧ empieza a desarrollarlos. Tenemos el ⟦1|1⟧ en nuestra mano, que desafortunadamente es una ficha pobre, pero con un poco de suerte tendremos la oportunidad de jugarla.

Por otro lado podríamos salir con el ⟦1|1⟧, con la esperanza que alguien la cubra con el ⟦1|5⟧; de esta manera tendríamos una ventaja abrumadora a los 5s. Es un riesgo a tomar y, si no sucede como deseamos, ponemos en peligro al ⟦5|5⟧ de ahorcarse.

El ⟦5|5⟧ es la mejor salida.

*Ejemplo #8: Tres o Cuatro Dobles*

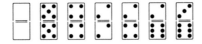

Esta es una combinación pésima; deseamos que nuestro compañero tenga mejores fichas y pueda "halar la mano" (tomar la ofensiva del juego – ver el Capítulo 13). La mejor salida puede ser un doble pesado, para descargar una ficha mala, pero no debemos quedarnos fallo. El [3|3], por consiguiente, es la mejor ficha para jugar tradicionalmente.

Una alternativa se ha popularizado por el perito William Almodóvar: una salida abierta, si nos quedamos con los dos dobles que le corresponden. En el ejemplo, esta ficha sería el [2|2] porque tenemos el [3|3] y el [2|2].

Es una situación delicada pues, si queremos tener una oportunidad de ganar el juego, nuestro compañero tiene que entender lo que estamos haciendo. Al salir con una ficha abierta (no doble), el compañero debe examinar su mano y darse cuenta que no tiene ninguno de los dos dobles; ahora debe sospechar el "Almodóvar". Cuando la 2nda Mano no los juega, ya es casi seguro que están en mano de la salida.

Ahora el compañero conoce dos de nuestras seis fichas que nos quedan, y sabe que (por lo menos) tenemos un tercer, quizás cuatro dobles. Esto le permite jugar para que podamos descargarnos de esos dobles. Además, sabiendo que nuestras fichas deben ser malas, puede atacar con sus palos fuertes y tomar la iniciativa del juego.

La salida tradicional es el [3|3], la alternativa es el [2|2].

*Ejemplo #9: Cinco o más Dobles*

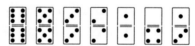

Las reglas de competencias internacionales permiten descubrir las fichas y revolverlas si se tienen cinco o más dobles. Sin embargo, si desea jugar esta mano como un reto, o las reglas locales lo fuerzan a hacerlo, tenemos que decidir con cual de ellas salir.

Comenzemos con una ficha abierta, pero de palos que *no* tengamos los dobles. ¡Si salimos con el [2|1] vamos a crear una confusión general al luego poner un doble tras de otro!

# Llevando Cuenta De las Fichas

Es de suma importancia el llevar cuenta de las fichas según se va desarrollando el esqueleto. Esto aplica a las fichas jugadas y a las que quedan en mano, tanto las de nuestro equipo como las de los contrincantes.

Veamos nuevamente las fichas que el jugador líder tiene en el primer juego de ejemplo:

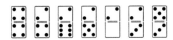

No sólo se fija en los cinco 2s que tiene, nota que el [2|2] y el [2|1] son los 2s que faltan. Según se desarrolla el juego va buscándolos, tratando de deducir quién los tiene en mano. Debe tratar de que se jueguen rápido para quedarse con los 2s restantes (Primera Ley – desarrollar los palos fuertes).

Si lleva cuenta de las fichas fuertes de los contrincantes, puede interferir con su desarrollo (Segunda Ley). Observemos el siguiente ejemplo (**próxima página**).

Durante el transcurso del juego descubrimos que el jugador ESTE (el que nos sigue a la derecha) está atacando con los 4s. Es nuestro turno y tenemos que jugar uno de nuestros dos blancos. Si ESTE ataca nuevamente con los 4s va a ganar. ¿Cuál ficha debemos jugar?

Estudiando el esqueleto de las fichas jugadas vemos que hay cinco 4s jugados; los dos que faltan son el [6|4] y el [4|2]. Si nos doblamos con el [0|1], el [4|2] se puede jugar y, si lo tiene ESTE, perdemos.

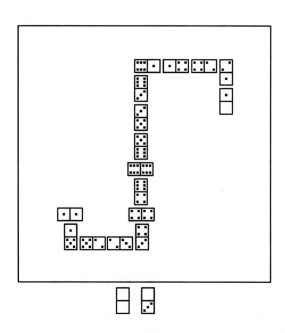

Poniendo el 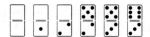 aseguramos que ningún 4 pueda atacar.

Debemos llevar cuenta de las fichas desde el principio del juego. En el ejemplo que sigue somos el Porra (último jugador) y nos toca jugar por segunda vez:

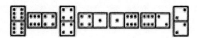

Estas son nuestras fichas:

Los contrincantes empezaron con el . Nuestro compañero puso el y ahora lo queremos ayudar a desarrollar los 1s. ¿Como podemos ayudarlo a que juegue uno de ellos?

Llevando cuenta de las fichas no jugadas vemos que faltan cuatro 1s: estos son el , el , el , y el (el está en nuestra mano).

Si jugamos por el dos con el ⟦2|4⟧ o el ⟦2|1⟧, nuestra ficha puede ser tapada con un 4 (faltan el ⟦4|5⟧ y el ⟦4|0⟧) y nuestro compañero tendría de opciones un 4 y un 6; es imposible jugar un 1.

Si cubrimos el 6 con el ⟦6|1⟧ los dos lados del esqueleto le permiten jugar un 1, el ⟦1|1⟧ o el ⟦2|1⟧. ¡El jugador que nos sigue no puede tapar los dos lados!

Ahora veamos un ejemplo más:

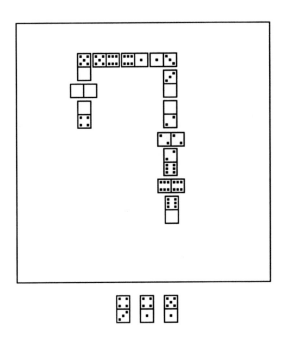

Digamos que nuestro compañero tiene el último de los blancos y si cierra el juego probablemente ganamos. Observamos que esa "puerta" de los blancos es el ⟦0|1⟧. En este caso, lo mejor es jugar el ⟦2|1⟧ en vez del ⟦6|1⟧, esperando que el jugador siguiente pase a 1 (o se doble) y nuestro compañero cierre con el ⟦0|1⟧.

Por el contrario, si la puerta está en mano del próximo jugador, y pensamos que perdemos el cierre, juguemos el ⟦6|1⟧ para prevenirlo.

35

# Tapar, Repetir y Cuadar

La frase "Tape, repita y cuadre" se escucha mucho cuando se le enseña a jugar al principiante. Es una estrategia muy primitiva que, sin embargo, se puede considerar como la fundación básica del juego. Veamos que quieren decir estas instrucciones.

**Tapar**: Esto se refiere a jugar una ficha de tal forma que cubra un número descubierto al final del esqueleto. ¿Cuál es este número que debemos tapar? Es el palo fuerte de nuestros contrincantes.

Veamos este ejemplo:

En este juego nuestra posición es la última, el Porra. El jugador líder salió con el [3|3] y su compañero acaba de jugar el [1|3]. Como los contrincantes están jugando a los 3s, y hay un 3 en un lado del esqueleto, es lógico que deberíamos "tapar" ese palo con una de nuestras fichas. Si no lo hacemos, el jugador líder quizás pueda cuadrar a 3 y hacer pasar a nuestro compañero, o puede terminar con una puerta que le dé gran ventaja.

Si nuestro compañero no tiene 3s, se verá forzado a jugar por el otro lado del esqueleto. Quizás entonces no pueda desarrollar sus palos, o tenga que tapar uno de los suyos. Puede que se vea obligado a poner una ficha que permita al jugador próximo que ataque – ¡y nosotros pasamos!

¿Qué tal si el único 3 que tenemos es el [3|4] y también es nuestro único 4? No debemos de temer el quedarnos fallo a 4 (Tercera Ley); evitar el desarrollo de los palos enemigos (Segunda Ley) es de mayor prioridad.

¿Y qué tal si vemos a los contrincantes desarrollar un palo que nos pueda favorecer? Por ejemplo, ¿qué hacer si tenemos el [3|4] y el [3|5] en mano? Podemos decidir no tapar los 3s y dejar el [1|3] abierto, con la esperanza de quedarnos con una o dos puertas del palo.

Este estilo de juego le llamamos "haciendo casitas." Implica que estamos abandonando a nuestro compañero, que se valga por sí sólo sin nuestra ayuda. Queremos engañar a los contrincantes y quedarnos con las fichas de su palo. El peligro es que no podemos esperar ayuda del compañero, cuyos palos ahora están impedidos y, engañado también, jugará para evitar el desarrollo de los 3s. Más tarde discutiremos este estilo de juego (Capítulo 14). Por ahora debemos entender que la jugada clásica es el tapar los 3s.

Tapamos para obstruir el desarrollo de los palos enemigos (Segunda Ley) y por lo tanto es una estrategia *defensiva*.

**Repetir**: Esto se refiere a jugar una ficha del mismo palo que hemos hecho antes, presentando el mismo número por segunda o tercera vez. Así desarrollamos nuestros palos fuertes y los de nuestro compañero.

Veamos este ejemplo (los números sobre las fichas indican el orden en que fueron jugadas):

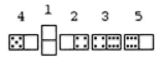

El jugador líder empezó con el [ |2]. A la primera oportunidad que tuvo, "repitió" su salida, jugando el [6|0]. Esto es señal clara de que su palo fuerte es el blanco.

No nos sorprende que el 2nda Mano no tenga más blancos y esté forzado a jugar por el 5. Tiene dos de ellos, el [5|0] y el [5|4]. Piensa un poco antes de jugar (indicando a su compañero que tiene fichas para escoger) y pone el [5|4].

Esta jugada es otro "repite", pues su primera jugada fue un 4 (el [4|2]).

Poner el [5|0] es una jugada pobre, pues permite al próximo repetir el blanco si tiene el [0|1]. Repetir el 4 con el [5|4] asegura que el contrincante no pueda hacerlo, pues el [4|1] ya está jugado. Además, como es la segunda vez que el 4 se le presenta, quizás sea tan fuerte que le obligue a tapar el blanco del compañero.

¿Qué tal si el [5|4] es el último 4 que tiene el 2nda Mano? ¿Debe repetir el 4 aunque no sea quizás su palo más fuerte? Esta es una situación algo difícil y se puede desarrollar de dos formas.

Podemos pensar por un tiempo relativamente largo antes de repetir el 4. Nuestro compañero, que sabe que esta es la mejor jugada, comprenderá que algo nos hizo titubear antes de poner la ficha. Quizás pensamos porque tenemos un doble (el [5|5] en este caso) y del cual nos queremos deshacer, o quizás el 4 no es tan fuerte como aparenta. El compañero entonces puede estudiar sus fichas y determinar si tenemos la mayoría de los 4s. Ahora decidirá si debemos proceder desarrollando ese palo.

De otro modo, después de pensar un tiempo, jugamos el [5|0] y no repetimos a 4. Nuestro compañero, al vernos titubear, deducirá que no tenemos el [5|4] (al no repetir) o que sí lo tenemos pero dudamos de que sea tan fuerte como para continuar atacando con él. De una forma u otra, la pensada alerta al compañero de que nos fue difícil el decidir la jugada y que quizás tendremos problemas desarrollando ese palo.

Repetir es la forma principal de desarrollar un palo y, por lo tanto, es una jugada *ofensiva*.

**Cuadrar**: Esta es el arma más potente que tenemos para hacer pasar al contrincante. "Cuadrar" quiere decir que jugamos una ficha de tal modo que los dos lados del esqueleto tienen el mismo palo. La ficha que nos permite hacerlo se le llama la "Ficha del Cuadre". Por ejemplo,

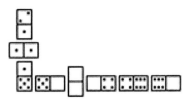

Somos el jugador líder y nuestra salida fue el [ | ]. Si jugamos el [•.||] en el 2, los dos lados del esqueleto son blancos. Decimos que hemos "cuadrado a blancos".

Si nos queda un blanco (el [•.|], por ejemplo) entonces sólo queda un blanco más por jugar. Es muy probable que hagamos pasar al siguiente jugador y nuestra ventaja aumenta al continuar siendo líder y tener una puerta por donde nadie más pueda jugar.

Cuadrar es la forma más efectiva de "repetir" un palo. Es por eso que nuestros contrincantes deben de prevenir que lo hagamos, a veces ellos cuadrando en nuestra contra. Volvamos al juego ejemplo y veamos que sucede si se hubiera desarrollado de esta forma:

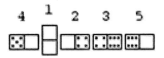

Salimos con el doble blanco y acabamos de repetir con el [•••|]. La 2nda Mano ahora repite su cuatro jugando el [•••|•••], y nuestro compañero tiene que tapar nuestro blanco (al no tener más 4s) con el [ |•]. El Porra ahora cuadra a 4 con el [•.|•••]:

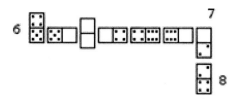

Este cuadre es muy poderoso. Para empezar, evita que nosotros podamos repetir un blanco y descarrila nuestra estrategia. Nuestro compañero no tiene más 4s, pues no hubiera tapado el blanco de otra manera. Si nosotros tampoco tenemos 4s entonces pasamos y perdemos la posición líder. ¡Peor todavía, los contrincantes tienen el [4|4] y se quedan con tres puertas (Capítulo 17)!

A veces tenemos que cuadrar sin tener otras fichas de ese palo. Veamos un ejemplo:

Somos el Porra. Tenemos el [1|3] y hay que jugarlo, pues no tenemos otro 1 ó 3. ¿Debemos cuadrar con el líder (que salió con el [1|1]) o con el 3 del otro contrincante?

Nos daría gran satisfacción, si cuadramos a 1, al ver el jugador líder tapar su propio 1. Por otro lado, estamos ayudándolo a desarrollarlos, y esto nos puede perjudicar. No cuadramos de esta forma a menos que sospechemos que la salida ha sido un engaño y que nosotros tenemos más 1s que ellos.

El cuadrar a 3s nos asegura que nuestro compañero no tenga que enfrentarse a un 1 en esta ronda siguiente. Quizás hasta podemos hacer pasar al líder, si este resulta no tener 3s, y nuestro compañero se convierte en líder. Lo malo es que el [1|3] se jugará y, desgraciadamente, puede estar en mano de los contrincantes.

Vemos que este cuadre no es tan fuerte como si tuviéramos otras fichas de ese palo. De todos modos, la jugada más común en esta situación es el cuadrar a 3 con la esperanza de hacer pasar al líder.

Aquí vemos otro ejemplo de un cuadre forzado. Ahora somos la Mano (jugador líder):

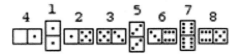

Tenemos el ⬚ y es nuestra única ficha de ambos palos. ¿Debemos cuadrar a 5 (con el 2nda Mano) o a blanco (con el Porra)?

Sabemos que el jugador que nos puede hacer pasar es el Porra y, por lo tanto, podemos jugar *en su contra* cuadrando a 5. Nuestra esperanza es que, para cuando nos toque jugar otra vez, ya los 5 hayan sido tapados. Esto permite, sin embargo, que salga el ⬚ y estamos casi seguro que nuestro compañero no lo tiene. Frecuentemente lo que sucede después de cuadrar así es que el 2nda Mano se dobla con el ⬚ y nuestro compañero pasa a 5s. El Porra tapará uno de ellos y entonces tendremos un palo diferente sobre el cual jugar (y con suerte volver a atacar con nuestros 1s).

La otra forma es cuadrando con el Porra. Es poco común que nuestro compañero pase pues no ha jugado ningún blanco todavía. El ⬚ probablemente está en manos del Porra; el 2nda Mano puede que pase o jugará una ficha fresca a nuestro compañero (no puede repetir el 5). Si juega el ⬚, por ejemplo, nuestro compañero ahora debe tapar el otro blanco inmediatamente; esto abre los dos lados del esqueleto para que podamos volver a atacar con nuestros 1s.

La decisión depende muchas veces de la fuerza de nuestras fichas. Si pensamos que son muy buenas y podemos dominar el juego con ellas, cuadramos con el 2nda Mano (a 5), aunque nuestro compañero sufra en esta ronda. Si no son tan fuertes, cuadramos con el Porra (a blanco) para abrir el juego al compañero. Si él conoce nuestra estrategia de juego, deducirá que nuestras fichas no son fuertes y que estamos dándole las riendas ofensivas del juego.

# TÉCNICAS AVANZADAS

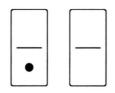

# La Comunicación Entre Compañeros

De vez en cuando nuestras fichas pueden ser tan buenas y poderosas que acaban con los contrincantes por sí solas. La mayoría de los juegos, sin embargo, se ganan cuando nuestras fichas se entrelazan con las del compañero y las complementan. De esta manera un equipo puede hacer pasar mucho a los contrincantes y desarrollar dos o hasta tres palos.

Para tomar las decisiones que afectan el desenlace del juego es necesario tener por lo menos una idea de cuales son las fichas de los otros jugadores. Esto no es fácil. Los contrincantes no nos van a decir que tienen en mano y a veces hacen jugadas para confundirnos. Ellos saben que una sola ficha que se ponga en el momento equivocado puede ser desastrosa para nuestro equipo.

Nuestro compañero es el único a quien le interesa que conozcamos sus fichas. ¿Cómo poder hacerlo sin hablar? Podemos usar señas, como hacen los entrenadores de equipos de deportes profesionales. Esto nos daría una ventaja injusta y (en mi opinión) rebaja la calidad del jugador que lo hace. Además está prohibido hacerlo en las competencias organizadas, donde puede haber mucho dinero como premio.

La única forma permitida de transmitir información entre compañeros es lo que podamos indicar según pensamos: cuanto tiempo nos toma en jugar la ficha al ser nuestro turno. Claro es, para entendernos hay que ponerse de acuerdo del significado de nuestras "pensadas".

Empezamos con la primera jugada. Si es nuestro turno de salir y, teniendo sólo un doble vamos a salir con él, juguémoslo rápido. Esto le dice a nuestro compañero: "mi juego es bueno y no tengo otro doble."

Una pensada de medio tiempo antes de jugar el doble le dice: "tengo más de un doble y mi juego es bueno, pero puede que no sea muy fuerte."

Con una pensada prolongada, seguida por un doble, decimos que tenemos muchos dobles (3 ó 4) y que nuestras fichas son débiles, o que quizás empezamos con un doble en falso (el cual no representa nuestro palo fuerte). Se sabrá la verdad según se desarrolle el juego.

Si la pensada es prolongada y ponemos una ficha abierta, estamos comunicando que tenemos un juego pobre con muchos dobles (usando la salida de Almodóvar – Capítulo 7) – o que de verdad no tenemos dobles en mano pero estábamos inseguros de cuál es la mejor salida. Quizás teníamos un doble en mano, pensamos salir en falso pero decidimos que no lo haríamos.

Como vemos con estos ejemplos, mientras más se piensa antes de comenzar el juego, peor son nuestras fichas. Toda esta información es legal pues nadie puede objetar a que pensemos antes de jugar.

Los contrincantes también están pendiente de lo que uno hace y, comprendiendo el significado de la pensada, tratarán de usar esta información en nuestra contra. Creo de todos modos que es todavía más importante que nuestro compañero nos conozca, pues él es el único que nos puede ayudar a desarrollar nuestro juego.

La pensada se utiliza tanto en la salida como en el resto del juego. Por ejemplo, si el jugador Mano sale con el [5|5] y nosotros (que somos 2nda Mano) tenemos un sólo 5, debemos de jugarlo rápido. Esto le dice a nuestro compañero que nos debe ayudar tapando el 5 de salida y que, como la ficha fue una jugada obligada, quizás el palo que jugamos no es nuestro palo fuerte.

Si pensamos en el ⚂⚂ entonces tenemos más de uno – quizás tres of cuatro si pensamos de forma prolongada. Como tardamos un buen tiempo en escoger la ficha a jugar, esta debe representar nuestro palo más fuerte y nuestro compañero debe ayudarnos a desarrollarlo. También le quita la presión de tener que tapar el 5 de salida, al saber que no nos van a hacer pasar con él pues tenemos más de ellos.

Para ver este concepto en acción vamos a seguir un juego en las primeras dos rondas. Nos toca salir y, después de pensar cinco a diez segundos, jugamos el ⚅⚅. Esto le dice al compañero que probablemente tenemos otro doble. También es probable que no salimos en falso, pues de haber sido así hubiéramos pensado por más tiempo.

El 2nda Mano, después de una breve pausa, juega el ⚅⚂. Si este jugador está usando nuestros conceptos de la pensada, comprendemos que tiene otro 6. Recordemos, sin embargo, que nuestro compañero es el único en quién vamos a confiar; este contrincante nos puede querer enganãr y quizás no tenga otra jugada que pueda hacer.

El compañero ahora juega el ⚂⚁ rápidamente; debe de ser su único 5. La primera ronda termina al Porra poner rápido el ⚅⚀.

Ahora jugamos el ⚀⚀ sin pensar; el compañero ahora sabe cual era nuestro otro doble. El próximo jugador pone el ⚀▢. El esqueleto se ve así:

Ahora el compañero piensa, y piensa por largo rato, antes de jugar el ▢⚅. ¿Qué quiere decir esto?

Él sabe que jugar el ▢⚅ es una buena jugada para nosotros, pues repite el 6 con que empezamos. Sin embargo, titubeó antes de jugarlo. Esto quiere decir que probablemente tiene muchos blancos y que dudó si debía taparlo o tratar de jugar con ellos. Quizás tiene el ▢│ y, si es así, tomó la decisión de sacrificar sus blancos, poniendo en peligro de ahorcar su doble, por ayudarnos a nosotros. Ahora es nuestro deber el ayudarlo con sus blancos, especialmente si nosotros tenemos de ellos en mano.

Es así como los compañeros se acoplan para derrotar a los contrincantes.

¿Qué hacer si tenemos que pensar una jugada porque tenemos opciones en ambos lados del esqueleto? Por ejemplo, tenemos [5|4], [4|2] y [2|1] en mano y el esqueleto se vé así:

Hay que jugar un 4 o un 2 y esto nos hace tardarnos un poco en lo que decidimos. Si jugamos un 4, como el [4|2], entonces esa pensada da a entender que tenemos otros de ellos. Si decidimos jugar el [2|1], siendo nuestro único 2 en mano, nuestra pensada podría dar la impresión equivocada. En este caso, una vez tomada la decisión, debemos *poner* la ficha rápidamente. Esto le dice al compañero que es nuestro único 2 y que tenemos (por lo menos) una ficha que juega por el otro lado del esqueleto.

¿Podemos tomarnos tiempo en pensar si tan sólo tenemos una jugada posible? Algunas competencias prohiben el "pensar en vano" y pueden multar al equipo del jugador que lo haga. Sin embargo, si las reglas no lo prohiben a veces resulta ventajoso el hacerlo – si podemos engañar a los contrincates de esta forma.

Veamos este ejemplo:

Ambos contrincantes han pasado a 1 y, por lo tanto, saben que los tres 1s sin jugar están en nuestras manos. Digamos que es nuestro turno y estamos forzados a tapar con nuestro único 1, el [1|1]. Si lo jugamos rápidamente entonces todos saben que los que faltan están en mano del compañero y evitarán lo más posible el que los juege.

Podemos engañarlos si pensamos un poco antes de jugarlo, haciéndoles creer que tenemos por lo menos uno más. No confundiremos a nuestro compañero pues él sabe que los tiene todos. Si el compañero después juega un 1 los contrincantes, al creer que el último está en nuestra mano, le pueden dar la oportunidad de cerrar el juego sin desearlo.

Hablando de cerrar el juego, aquí tenemos otro ejemplo en que pensar sin tener opciones nos puede ayudar:

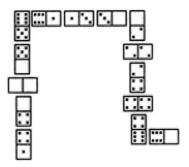

El jugador que nos sigue tiene la puerta de los blancos, el [•|  ]. La única jugada que tenemos es poner el [•|•], que le permitiría cerrar el juego, y nos parece que vamos a perder si lo hace.

Podemos hacer una fanfarronada y pensar mucho antes de jugar el [•|•]. Esto pone en duda al jugador siguiente, pues si después de pensar le permitimos que cierre el juego, quizás es porque calculamos que ganamos si lo hace. De esta forma lo estamos sugestionando a nuestro favor.

Todo lo anterior nos demuestra que el tiempo tomado en jugar puede ser tan importante como cuál ficha escogemos. Quizás tenemos una sola jugada posible, pero si nos detenemos a pensar acerca de lo jugado anteriormente, o las consecuencias de nuestra jugada, podemos confundir al compañero. Sin embargo, tenemos que poder analizar las jugadas hechas para tomar las decisiones correctas.

¿Cómo entonces podemos lograr las dos metas – analizar jugadas, pero usar la "pensada" para dar información? Lo hacemos mediante dos estrategias:

1) *Anticipando* las fichas que puedan ser jugadas, tal como el jugador de ajedrez anticipa las posiciones de sus piezas en el tablero.

2) *Observando* las fichas que se ponen en la mesa y llegando a conclusiones tentativas – por qué se jugó esa y no otra, etc.

En el capítulo 18 vamos a estudiar unos juegos completos y veremos estos conceptos en acción.

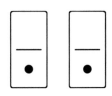

# Como Jugar Los Dobles

Los dobles suelen ser fichas cruciales en un juego. Por su naturaleza son fichas defensivas; no se pueden usar para tapar un palo o atacar con ellos, pues no cambian el palo presente. Además se pueden ahorcar y entonces son fichas muertas en nuestra mano al no poder jugarlas.

Aunque a veces nos parezca que necesitamos un sexto sentido que nos ayude con los dobles, hay ciertos principios generales que nos pueden orientar. Vamos a discutir algunos de ellos.

**A. Cuando Jugar el Doble**

Los dobles suelen ser fichas malas en nuestras manos por lo difícil que puede ser el jugarlos. Tanto es así que al jugador que levante cinco o más de ellos se le permite pedir mostrarlos y escoger fichas otra vez. Casi siempre el equipo que recoja cuatro o más dobles entre ellos pierde el juego.

Por lo tanto, como regla general, debemos jugar los dobles a la primera oportunidad que tengamos de hacerlo.

Supongamos, por ejemplo, que nosotros somos 3ra Mano. Nuestro compañero empezó el juego con el [1|1]. El 2nda Mano puso el [1|4]. Si tenemos el [4|4] lo debemos jugar ahora. Si tenemos esta ficha en mano y no la jugamos, el compañero va a creer que lo tiene uno de los contrincantes y buscará ahorcarlo si fuera posible.

¿Cuál es la probabilidad de que un doble en nuestra mano se ahorque? Podemos estimarla al mirar el resto de las fichas que tenemos. Veamos algunos ejemplos:

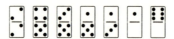

Aquí el ⟦2|2⟧ es el único 2 que tenemos. Quedan seis otros en manos de los jugadores. Es poco probable que se ahorque el doble y hasta nos puede ayudar, evitando que pasemos si nos atacan con los 2s.

El tener otro 2 en mano aumenta la probabilidad de ahorcarse, especialmente al ver que el ⟦2|4⟧ es nuestro único 4, y que quizás nos veamos forzado a jugarlo al tener que tapar un 4.

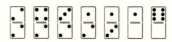

El peligro más grande es cuando se tienen dos o tres más con el doble. Tres más es un poco menos peligroso pues si nuestro compañero juega un sólo 2 entonces nos asegura el doblarnos. Si todos los otros están en manos de los contrincantes, cada 2 que juguemos puede ser tapado antes de que sea nuestro turno, y no tendremos la oportunidad de poner el ⟦2|2⟧.

Con cuatro o más 2s (además del doble) ya no es posible que nuestro ⟦2|2⟧ se ahorque. El único que lo puede hacer somos nosotros mismos.

## B. Cuando NO Jugar el Doble

Hemos establecido que lo mejor es jugar la ficha doble a la primera oportunidad que se nos presente. Sin embargo, cabe la posibilidad de que nos encontremos en una situación en la cual el doblarse no sea lo indicado. No debemos jugar el doble:

1) Si tenemos una mejor jugada que podemos hacer, o

2) Si al doblarnos permitimos una jugada peligrosa por parte de los contrincantes.

Veamos este ejemplo. Nosotros, como último jugador de la ronda, tenemos la oportunidad de doblarnos al 4. El jugador Mano empezó el juego con el [2|2] y nuestro compañero jugó el [2|1].

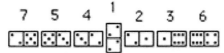

Tenemos el [4|4], el [4|2] y el [4|1] en nuestras manos. Nuestro primer instinto es el doblarse pero estudiemos más a fondo la situación.

Esta es la primera vez que se juega un 4 y, como "ficha fresca", no es probable que ataque al jugador Mano. También vemos que si Mano tiene el [4|2] puede entonces cuadrar a 2 y quizás hacer pasar a nuestro compañero.

Si repetimos el 1 del compañero (poniendo el [4|1]) evitamos el cuadre a 2 y ayudamos a nuestro compañero a desarrollar los 1s. Otra buena jugada sería poner el [4|2], pues volvemos a atacarlo con nuestra primera ficha puesta.

Aquí tenemos otro ejemplo más tarde en el mismo juego. En la situación anterior jugamos el [4|1] y todavía nos quedan el [4|4] y el [4|2]. El esqueleto se desarrolló de esta forma:

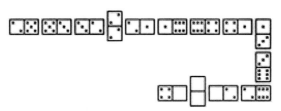

Una vez más tenemos la oportunidad de doblarnos con el [4|4]. Todavía falta el [4|2] y este resulta ser el séptimo 2, la ficha del cierre. Si creemos que perderíamos el cierre entonces es necesario evitarlo y por eso jugamos el [4|2].

Cabe la pregunta: ¿Son los dobles siempre fichas malas? No necesariamente, con tal que estos sean de nuestros palos fuertes. Si tenemos cinco del mismo palo, incluyendo el doble, nos es muy útil al ser atacado con un palo que carecemos. En vez de tener que cubrir nuestro palo fuerte podemos entonces doblarnos, escapar el ataque y mantener así la presión sobre los contrincantes.

Una de las jugadas más emocionantes que podemos hacer con un doble es cuando nuestro compañero cuadra al palo fuerte y el jugador siguiente pasa. Si tenemos el doble en mano, podemos rematar al jugarlo y hacer pasar al segundo contrincante.

Si sabemos que un doble no se puede ahorcar entonces el jugarlo es opcional. Digamos, por ejemplo, que somos el jugador Porra y que estas son nuestras fichas:

Este es el esqueleto:

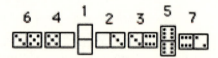

Doblarse al 3 sería nuestro primer instinto, pero el [3|3] en nuestras manos representa un arma muy poderosa. El 3 es probablemente el palo fuerte de nuestro compañero, pues ha jugado dos corridos (el [ |1] y el [5|1]). La mejor jugada es tapar el 2 con el [2|3], cuadrando a 3 con nuestro compañero. Esta jugada quizás pueda hacer pasar al líder, dándole la ventaja a nuestro compañero, or por lo menos quitarle (el que quizás sea) su último 3. Lo más probable es que podamos jugar el [3|3] en la próxima ronda.

Observemos que el líder sí jugó sus dobles a la primera oportunidad que tuvo, primero empezando con el [ | ] y después doblándose con el [6|6].

## C. Cuando Perseguir el Doble

Si es desastroso el que nos ahorquen nuestros dobles, entonces comprendemos que el ahorcar los de nuestros contrincantes debe ser una buena estrategia. Hay jugadores que son expertos en esto, y "persiguen" a los dobles hasta el fin del mundo, obteniendo gran placer en hacerlo y diciéndose "TOMA" a sí mismos al ahorcarlos.

Algunos llevan esta estrategia a un extremo, persiguiendo y ahorcando cuanto doble puedan. Esto les puede prevenir el que desarrollen su juego y terminan haciéndole daño al juego del compañero, especialmente si es su doble que se ahorca.

Si tenemos la opción de hacerlo, ¿como saber si se debe ahorcar un doble o no? Después de todo, si lo ahorcamos estamos soltando la puerta del palo, el que quizás nos convenga mantener para no pasar en una futura ronda.

Si estamos bastante seguros de que el doble no está en mano del compañero, es mejor ahorcarlo. Así prohibimos que uno de los contrincantes pueda dominar el juego pues su doble no puede ser jugado.

Durante el juego debemos de mantener una vigilancia constante por los dobles, tratando de deducir quién los tiene. Veamos el principio de este juego como ilustración:

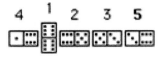

Somos el 3ra-Mano y nuestro compañero salió con el ⟦6|6⟧. Si tuviéramos el ⟦5|5⟧ lo hubiéramos jugado y, por lo tanto, nuestra jugada del ⟦2|1⟧ le indica al compañero que (si él no lo tiene) el doble 5 debe estar en mano de uno de los contrincantes: ¡candidato al ahorque!

El porra juega el ⟦1|6⟧ y nuestro compañero empieza la segunda ronda con el ⟦2|6⟧. Como no se dobló con el ⟦1|1⟧ o con el ⟦2|2⟧, esto indica que no tiene ninguno de estos dobles, ¿no es cierto?

No necesariamente. Es posible que sí tiene esos dobles, pero que en este momento decidió que atacar con el [1/6], repitiendo su salida, era más importante. Juega el 6, con la esperanza de doblarse en una futura ronda. En este caso tenemos que esperar a las próximas jugadas para saber con certeza si tiene los dobles o no.

### D. Cuando Ahorcar su Propio Doble

Aunque nos parezca ilógico, a veces tenemos que hacer el sacrificio máximo y ahorcar nuestro doble. Lo hacemos por una de dos razones:
1) Si es necesario para que nuestro compañero gane el juego, o
2) en un juego ya ganado, para aumentar los puntos que se nos suman.

Digamos que a nuestro compañero le queda una sola ficha, y sabemos que es el [2/2]. En el esqueleto hay un 5 en un lado y un 1 en el otro, y tenemos los últimos dos 1s ([1/1] y [1/2]). Si nos doblamos, sabemos que nadie puede jugar por los unos y, si el próximo jugador tapa el 5, nuestro compañero pasa. Por el contrario, si nos ahorcamos el [1/1] al jugar el [1/2], ahora hay un 3 y un 5 en los lados del esqueleto y aseguramos que nuestro compañero juegue y gane.

Otro ejemplo ocurre cuando el compañero es el líder y, cerca del fin del juego, tiene la puerta de un lado del esqueleto. Nosotros tenemos el doble y la séptima ficha del otro lado. Sabemos que al doblarnos el compañero está obligado a jugar su puerta; es posible que esto lo haga pasar más tarde y que perdamos el juego.

Por el contrario, si nos ahorcamos el doble le estamos dando una oportunidad a que juegue por ese lado y no tenga que forzosamente soltar su puerta en ese momento. Lo peligroso del asunto es que el jugador que nos sigue puede atacar, y el compañero quizás tenga que jugar su puerta de todos modos – lo que hace nuestro sacrificio nulo.

También podemos ahorcar nuestro doble para guardar puntos. Digamos, por ejemplo, que nuestro compañero va a ganar el juego en su próximo turno y que nosotros tenemos los dos últimos 5 en nuestra mano (el [5|5] y el [5|1]). Estamos seguros de que, no importe cual juguemos, vamos a ganar de todos modos. En esta situación es mejor jugar el [5|1] porque de esta forma nos sumamos 5 puntos más, lo cual puede ser la diferencia entre ganar o perder la partida.

Reconozcamos que para ganar hay que desarrollar los palos fuertes *entre parejas*, y que no nos ayuda el debilitar (o incapacitar, en este caso) nuestro juego por tratar de ayudar al compañero. Por esto el ahorcar nuestro doble es un sacrificio que no haremos a menudo, y tan sólo cuando sea absolutamente necesario para evitar una derrota, o con la certeza de que ganaremos al hacerlo.

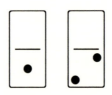

# La Estrategia Según la Posición de Juego

¿Es diferente nuestra estrategia de juego si somos el jugador Mano (líder), 2nda Mano, 3ra Mano o Porra? Podemos pensar en los jugadores Mano y 2nda Mano como los que llevan la ofensiva del juego. Ellos son los que empiezan atacando con sus palos fuertes. El 3ra Mano y el Porra pueden ser considerados como los jugadores de defensa, los que protegen a sus compañeros y ayudan a desarrollar esos palos fuertes.

Estas generalizaciones, sin embargo, no siempre son correctas. De ser así el juego se ganaría o perdería dependiendo solamente de las fichas de los primeros dos jugadores, lo cual sabemos no es cierto. Vamos por lo tanto a examinar con más detalle la estrategia a seguir por cada jugador.

**La Ofensiva**
**A. Jugador Mano**

El jugador líder es el único que tiene el lujo de poder escoger entre todas sus fichas para empezar con la que más le convenga. Esto otorga una ventaja tan importante que por esto es que las reglas exigen que la salida se rote entre los contrincantes. Debemos escoger esa primera ficha con mucho cuidado (Capítulo 7).

Si salimos con la ficha del palo fuerte (en vez de salir de un mal doble) entonces continuamos atacando al repetir ese palo. De esta forma le ponemos presión al 2nda Mano, evitando que desarrolle su palo fuerte y quizás haciéndole pasar. Si logramos pasarlo nuestro compañero se convierte en 2nda Mano, aumentando la probabilidad de ganar el juego.

El Mano debe evitar el quedarse fallo (Tercera Ley del dominó). De esta forma tendremos más opciones a jugar y menos posibilidad de que nos hagan pasar.

Es muy poco común que un juego se decida solamente por las fichas del Mano, así que necesitamos buscar oportunidades de ayudar al compañero desarrollar sus palos fuertes. Ahora, si tenemos fichas fuertes y hay que decidir entre nuestro palo y el del compañero, escogemos el nuestro.

Si las fichas no son buenas, debemos dejarle saber al compañero que no podemos atacar con fuerza (Capítulo 10). Ahora somos nosotros quien ayudamos a desarrollar el palo del compañero, cediéndole la ofensiva.

En resumen, si el jugador Mano tiene bastante buenas fichas, debe atacar con ellas, tratar de no quedarse fallo, y ayudar al compañero mientras pueda.

**B. Jugador 2nda Mano**

El 2nda Mano tiene que seguir la ficha de salida y, por lo tanto, empieza con limitaciones sobre cuales fichas puede jugar. Por eso, aunque debe de desarrollar su palo fuerte, es posible que no lo haga hasta una ronda futura pues su jugada inicial sea obligada.

La primera ficha que jugamos, si es posible, debe ser de nuestro palo fuerte o de un palo que tengamos el doble. Por ejemplo, si la salida fué el [6|6] y tenemos varios 6s con el [6|6], una buena jugada sería poner el [6|6].

Debemos también tratar de no quedarnos fallo, pues un pase le daría una gran ventaja al equipo contrario. Esto es menos importante, sin embargo, que desarrollar el palo fuerte.

Al igual que el jugador Mano, debemos ayudar a nuestro compañero repitiendo el palo que él inicie. Si cuadramos a su palo (especialmente si es en contra del nuestro) le comunicamos que tenemos un juego muy pobre y que, aunque Porra, debe tomar la ofensiva. Por ejemplo:

La salida fue el [3|3]. Nosotros, como 2nda Mano, jugamos el [3|1] y nuestro compañero Porra jugó el [3|1]. En este momento del juego (la tercera ronda) tenemos la ficha del cuadre, el [1|1]. No tenemos más 1 y sabemos que nuestras fichas son pobres. Queremos, por lo tanto, que el compañero dicte la ofensiva.

Lo hacemos al cuadrar a 2 (su primer palo) en vez de al 1 que jugamos al principio. El compañero comprenderá de inmediato que preferimos jugar con su palo y que lo apoyaremos en su ataque.

## La Defensa
### A. Jugador 3ra Mano

La responsabilidad del 3ra Mano es principalmente ayudar al compañero que tiene la posición líder. Su primera jugada es defensiva pero, si es posible, debe empezar a demostrar su juego fuerte o sus dobles.

El jugador Mano salió con el [1|1] y el 2nda Mano puso el [1|3]. El 3ra Mano no debe jugar por el 3 (salida de su compañero) pero sí por el 5, palo del contrincante. Si tenemos el [5|5] en mano nos doblamos de inmediato, pues ya hemos aprendido lo pobre que son los dobles (Capítulo 11). Si no lo jugamos nuestro compañero creerá que no lo tenemos y buscará ahorcarlo.

De no tener el doble tapamos el 5 con una ficha del palo fuerte y, preferiblemente, del cual tengamos el doble. Por ejemplo, jugar el [6|4] si tenemos el [4|4]. Al observar la jugada al 4 el Mano sospecha que tenemos el doble y buscará ayudar a que lo podamos jugar.

Durante las próximas rondas el jugador 3ra Mano observa continuamente para detectar debilidad en su compañero líder. Si creemos que Mano no puede llevar la ofensiva entonces es necesario que tomemos las riendas del juego, lo que llamamos "halando Mano". Ahora jugamos como si fuéramos el líder y seguimos la estrategia que discutimos en la primera sección.

Si no observamos señales de debilidad en el compañero se espera que lo apoyemos decisivamente. Una forma de hacerlo es repitiendo el palo fuerte del Mano. Por ejemplo,

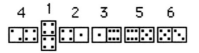

Vemos que nuestro compañero líder empezó con el [4|4] y su segunda jugada fue el [6|5]. El 4 puede ser su palo fuerte pero tenemos que pensar que quizás estaba desechando un doble malo y quizás es el 5 (segunda jugada) el palo con que quiere atacar. ¿Qué debemos jugar ahora?

Si tenemos el [1|4] lo debemos jugar, repitiendo la salida a 4. De otro modo debemos jugar el [1|5], repitiendo el segundo palo que jugó el compañero. Si no tenemos ninguno de estos, pero tenemos el [1|6] o el [1|4] ... nos toca a nosotros el repetir (pues jugamos el 6 al principio). De no tenerlos debemos jugar un doble por el 2 o el 3.

¡Si jugamos *cualquier otra ficha* ya el compañero sabe que no tenemos ningunas de las que mencionamos! Así es como un jugador puede deducir quién tiene las fichas que faltan por jugar – esto es, si los participantes son jugadores con experiencia y toman decisiones lógicamente. Seguiremos analizando estas deducciones más adelante (Capítulo 15).

El Porra es el que está en mejor posición de hacer pasar al Mano. El 3ra Mano por ende trata de evitar que Porra juegue su palo fuerte. Para prevenirlo hay que tener siempre en mente las fichas que faltan por jugar (Capítulo 8).

Por último, si no podemos atacar, o prevenir que nos ataquen, debemos buscar la forma de ayudar al Mano en su estrategia de ofensiva. Por ejemplo:

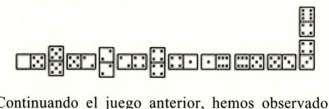

Continuando el juego anterior, hemos observado que nuestro compañero sí tenía un buen juego a los 4 (su salida) y sospechamos que le quedan los últimos dos en su mano. Estudiando el esqueleto vemos que estos son el [3|3] y el [2|0]. Si tenemos el [3|0] debemos cuadrar a blanco, asegurando que pueda jugar el [2|0] (pues el Porra no puede tapar los dos lados) y quedarse con la puerta a 4.

### B. Jugador Porra

El último jugador es tan importante como el primero. Su función primaria es el de hacer pasar al jugador Mano. ¡Si el líder no pasa, no pierde!

Para hacer esto tenemos que desarrollar nuestro palo fuerte, mucho más de lo que lo hace el 3ra Mano. Debemos atacar, repitiendo y cuadrando a nuestro palo fuerte o al del compañero. Probablemente vamos a dejar pasar oportunidades de doblarnos, aunque nos debilitemos en el proceso, pues es más importante atacar al líder.

En este ejemplo el Mano empezó con el [6|6]. Después del 2nda Mano poner el [6|5], el 3ra Mano puso el [6|1], tapando el 6 del compañero. El tapar al compañero (y dejar al descubierto el 3 del contrincante) indica que probablemente este jugador no tenga 3s.

Aunque tengamos el [2|2] o el [1|1], como jugador Porra no debemos doblarnos si tenemos una mejor jugada. Si tenemos el [1|2] debemos jugarlo, cuadrando al 3 del compañero. Esta jugada es tan obvia que, de no jugarla, le anunciamos a todos que no tenemos esta ficha.

La segunda mejor jugada posible es la de tapar el 1 del 3ra Mano, con una ficha de nuestro mejor palo. De no tener tal ficha entonces nos podemos doblar con el [1|1]; el [2|2], siendo el doble del palo fuerte del compañero, se debe aguantar para ponerlo más tarde en el juego (Capítulo 11).

El Porra debe proteger al compañero contra los ataques del Mano. Nuestra primera jugada es, casi siempre, el tapar el doble de salida.

Si tenemos blancos, se espera que tapemos el doble blanco, preferiblemente con una ficha que muestre nuestro palo fuerte (y el doble si lo tenemos). Si tenemos estas fichas:

la jugada lógica es poner el [0|2], pues señala el palo fuerte y el [2|2]. No debemos doblarnos a [5|5], pues esto permite al Mano cuadrar al blanco (observamos que el [0|5] no está jugado y puede que Mano lo tenga).

La jugada inicial más importante del Porra es, por lo tanto, el cubrir la ficha de salida. De esta forma proteje a su compañero, evitando un cuadre a ese palo, y lo hacemos aunque nuestra ficha no sea la del mejor palo nuestro. *A menos que...*

Digamos que después de una salida a [ | ] el 2nda Mano piensa un rato largo antes de jugar el [ |5]. Esto nos dice que no debemos temer que nuestro compañero pase a blancos (como pensó antes de jugar debe tener para escoger) y no estamos forzados a cubrir el [ | ] de salida. También nos hace sospechar que el Mano lo jugó para eliminar un doble y no porque es su mejor palo. En este caso el Porra puede cubrir la ficha jugada por el 3ra Mano, atacando al líder con su mejor palo, y dejando el blanco abierto.

El Porra debe interferir con el desarrollo de las fichas del líder, jugando las que no le permitan repetir su palo fuerte. A la vez debe de continuamente analizar las jugadas del 2nda Mano para saber si debe tomar la ofensiva del juego ("halar la Mano", Capítulo 13).

El Porra es tan importante para el dominó como lo es el Portero para el fútbol, pues se encuentra en la mejor posición para deducir las fichas de los contrincantes e interferir en sus estrategias. Sus jugadas, por lo tanto, a menudo son las que determinan el resultado del juego.

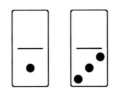

# Halar la Mano

Los jugadores en la tercera y cuarta posición, los "jugadores defensivos", son los que más dificultades tienen en el juego. Ellos tienen que balancear constantemente su necesidad de desarrollar sus palos fuertes y descartar fichas malas con el deber de proteger a sus compañeros y atacar los enemigos. Muchas veces tienen que sacrificarse para apoyar a los compañeros, por ejemplo no doblarse si pueden poner la ficha del amigo, o soltando puertas que pudieran mantener para evitar que el otro pase o suelte su propia puerta.

A la misma vez, cual tigre que acecha, tienen que estar alerta para captar señales de debilidad en el compañero. De ser así el jugador defensivo de la pareja deduce que sus fichas son las más fuertes y que está en mejor posición para ganar; por tanto tienen que tomar las riendas si desean dominar el juego. "Halar la mano" se refiere a la estrategia de un jugador que empieza en posición defensiva y toma la ofensiva, desarrollando sus fichas fuertes *aún en contra de su compañero*.

Si creemos que nuestras fichas son mejores y pensamos halar la mano, debemos tener en mente los siguientes puntos. Si el compañero no nos ha demostrado de que quiere que tomemos la ofensiva (deducido por sus jugadas, no por señales, claro es), se va a sentir traicionado de inmediato. Aunque ganemos, pero especialmente si perdemos el juego, se puede molestar con nosotros al pensar que no lo apoyamos.

Por cortesía, al acabarse ese juego, nos conviene pedir disculpas y dar una explicación de porqué tomamos esa decisión. Después de todo, no queremos oír al compañero decir: "¡Estoy jugando contra dos enemigos y un traidor!"

Este es un ejemplo donde el Porra (último jugador) "hala la mano":

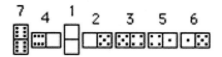

Nuestro compañero es el 2nda Mano y ha jugado dos 5s, el [5|2] y el [5|1]. Lo más lógico es pensar que su palo fuerte es el 5. Una de nuestras fichas es el [5|6]. Aunque nosotros pusimos el primer 6, como jugador defensivo se espera que ayudemos al 2nda Mano cuadrando a los 5s.

Sin embargo, ¿qué debemos hacer si también tenemos estas fichas: [1|6], [2|6] y [3|6]? Si cuadráramos a 6 sólo falta uno de ellos a descubrir (el [2|6]) y es muy probable que hagamos pasar al líder. Aunque no pase, o aunque hagamos pasar nuestro compañero, alguien tiene que jugar ese 6 que falta y entonces nos quedamos con todos los restantes.

Halando la mano tapamos el 5 del compañero y cuadramos así:

Otra forma de halar la mano es si nos quedamos con las fichas fuertes del compañero, aunque se espera que las juguemos. Quizás lo hacemos al desarrollar nuesto palo, o simplemente al deshacernos de una ficha doble que nos estorba.

¿Qué debemos hacer si es nuestra mano la cual es "halada"? Si nuestro compañero que ha halado es buen jugador entonces debemos confiar en su estrategia. Estudiamos las fichas jugadas y llegamos a conclusiones diferentes, las cuales expliquen el porqué jugó de esa manera. Ahora buscamos la forma de ayudarle a desarrollar ese palo cual juzgó ser tan fuerte que decidió tomar la ofensiva. Debemos, pues, convertirnos en jugadores defensivos.

Por ejemplo, si es el Porra el que ha halado la mano, ya se encargará de hacer pasar al líder. Nuestro deber ahora es hacer pasar el 3ra Mano para darle la posición de líder al compañero. Esto es muy importante porque nuestro primer instinto es molestarnos con la pareja. Si no lo apoyamos, el juego se puede perder de manera muy fácil al estar batallando contra todos.

¿Y qué hacer si perdemos el juego porque nuestro compañero haló la mano? Esperamos que se disculpe y que explique las razones por la cual jugó de esta manera. Lo "regañaremos" positivamente, no peleando, pues una pareja peleada no gana.

# Haciendo Casitas

En los capítulos anteriores hemos discutido las estrategias a seguir de forma clara y honesta. Aún cuando "halamos la mano" lo hacemos de forma directa, atacando con nuestras fichas. Los otros jugadores observan esta estrategia y ajustan sus jugadas de acuerdo a lo que hagamos nosotros. Es un método de buenos modales y caballeresco.

Pero ahora la cosa cambia...

Hay otra forma de desarrollar nuestro juego de forma que no sea obvia para los otros jugadores; la llamamos "haciendo casitas". Es una forma furtiva de jugar, algo egoísta y controversial; sin embargo, nos puede llevar a la victoria.

Veamos este ejemplo:

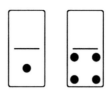

Nuestra salida fue el [1|1] después de una pensada muy corta (lo cual indica que tenemos buen juego – Capítulo 10). El contrincante pone el [1|1] y nuestro compañero juega el [1|3] rápido. Se entiende que no tiene 1s y que por eso se vió forzado a cubrir nuestro 2 de salida, ¿no es cierto? Sin embargo si miramos sus fichas esto es lo que encontramos:

Tenía fichas con que tapar el 1 y dejar mi 2 abierto. ¿Qué está sucediendo?

El compañero decidió que sus fichas eran fuertes y haló la mano al *no tapar el 1* y sí nuestra salida. La diferencia de este halón de mano y los que discutimos en el capítulo anterior es que es una jugada engañosa. Quiere dominar con los 1s y está tratando de confundir a los contrincantes a ver si los juegan.

Haciendo casitas quiere decir que hemos decidido que nuestro juego no es lo fuerte suficiente para atacar con él, y que no queremos apoyar al compañero de salida. Buscando la alternativa, ¿por qué no dejar que los contrincantes desarrollen el juego por nosotros?

Para poder tener éxito con esta estrategia tenemos que confundir a todos los jugadores, ¡*incluyendo a nuestro compañero*! Debemos hacerle creer a los contrincantes que estamos huyendo de un palo para que ellos lo pongan en la mesa.

Aquí vemos otro ejemplo. Esta son nuestras fichas:

Salimos, como es de esperar, con el . Esta es la primera ronda:

Ahora nos toca jugar y podemos tapar el 2 con una de tres fichas, o tapar nuestro cinco de salida. Recordamos que, empezando con el , nuestro compañero espera que el 5 sea bueno y tratará de desarrollarlo. El 2, por el contrario, salió del Porra y por lo tanto la jugada lógica debería ser el  (no nos quedamos fallo y botamos muchos puntos).

Por otro lado, tenemos tres 2s y un 5 y es lógico el tratar de desarrollar los 2s. ¿Cómo poder hacerlo? Podríamos pensar un buen rato y jugar rápidamente el , indicando que es nuestro único 5 y decidimos jugar con los 2s. Ahora nuestro compañero comprende nuestra estrategia, pero los contrincantes también. El Porra no repetirá el 2 si comprende que queremos jugar con ellos.

Éste es el momento de "hacer casita". Pensamos antes de jugar el [5|2], y lo jugamos a rapidez normal. Si nos están observando quizás podemos fruncir el ceño, para que piensen que esta jugada nos es desagradable. Todos creerán que no tenemos 2s, que tenemos por lo menos otro 5 más, y que jugamos el [5|2] porque nos vemos forzado a hacerlo.

Si los contrincantes toman la carnada entonces van a repetir el 2 lo antes posible y evitarán que se desarrollen los 5s – de esta manera ¡caen en nuestra trampa! Más tarde en el juego, cuando se descubra la verdad, los contrincantes se desmoralizan al ver que ellos mismos se han derrotado.

Estas jugadas furtivas son algo arriesgadas. No podemos esperar ayuda de parte del compañero, pues no sabe lo que estamos haciendo; nuestra estrategia ahora depende de las jugadas de los contrincantes.

No se puede hacer casitas con frecuencia porque, una vez han caído, los otros jugadores van a sospechar de nuestras jugadas en adelante. Peor todavía, nuestro compañero se puede molestar y perdemos su apoyo cuando más lo necesitamos.

Sin embargo, hay veces que tenemos que romper los moldes de juego, tomar riesgos y jugar peligrosamente; en fin, *divertirnos* con estas jugadas poco ortodoxas. Sólo reconozcamos que, al arriesgarnos de esta forma, nos puede "¡Salir el tiro por la culata!"

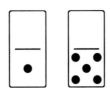

# Como Localizar las Fichas No Jugadas

Varias veces en el libro he usado frases como "...si creemos que el palo fuerte del contrincante es el 6", o "...como el compañero no tiene 4s...". ¿Cómo sabemos que esto es cierto?

Deduciendo donde están las fichas por jugar (en mano de qué jugador) es una destreza avanzada que requiere el conocimiento de los conceptos que hemos presentado en los capítulos anteriores. Nuestra herramienta más importante es la memoria, el poder recordar qué jugador ha puesto cada ficha en la mesa. Vuelvo a recomendar que el lector adiestre su memoria practicando los ejercicios del capítulo 5.

A este nivel ya el lector debe dominar los conceptos básicos del juego y ha estado practicando las estrategias mencionadas. Debe poder reconstruir el esqueleto de fichas jugadas, sabiendo quién puso las fichas, en qué orden y bajo qué circunstancias (qué otras opciones tuvo el jugador, cuanto tiempo pensó, etc.).

Para comenzar, tan sólo sabemos con certeza absoluta 7 de las fichas: las que tenemos en mano. Según pasan las rondas quedan menos fichas por jugar y ya se hace más fácil el deducir quién las tiene. La meta a la cual debemos aspirar (que no es siempre posible hacerlo) es identificar todas las fichas por jugar, cuales y donde están, para cuando quedan sólo dos fichas en mano.

Al principio del juego no sabemos donde están las otras 21 fichas. Empezaremos haciendo deducciones tentativas acerca de lo que tienen los otros según vayan jugando. Reconozcamos que podemos estar jugando con otras personas que no sigan nuestras estrategias, o sean principiantes, y por lo tanto sus jugadas no sean lógicas (lo cual nos puede confundir). Pero hay una manera que podemos aprender sus fichas que es 100% segura: sus pases.

Si un jugador pasa a un palo ahora podemos eliminar las siete fichas correspondientes de su mano. Descartando esas fichas nos permite hacer deducciones de más certeza.

Estudiemos el siguiente ejemplo: empezamos con el [6|6], y ya hemos pasado más que los otros jugadores. Ahora los demás tienen sólo una ficha pero nosotros tenemos dos. Podemos jugar el [3|2] or el [0|3]. Si deducimos las otras fichas correctamente, nuestro compañero puede ganar.

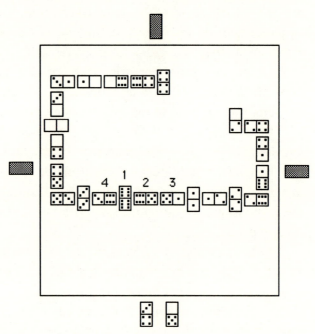

¿Cuáles son las tres fichas (además de las nuestras) que faltan por jugar? Estudiando el esqueleto lo debemos deducir.

¡Correcto! Son el [6|6], [3|2] y [2|2]. Si tuviéramos que adivinar cuál es la del compañero, acertaríamos tan sólo 1 de cada tres veces. Veamos si podemos mejorar la probabilidad de acertar.

Recordemos las primeras fichas jugadas. Después del 2nda Mano jugar el [5|5], nuestro compañero puso el [5|0]; no se dobló con el 5. Esto quiere decir que no debe tener el [5|5]. Si tenemos que adivinar entre las dos otras fichas restantes ahora acertaremos el 50% de las veces.

Continuando con el análisis del juego vemos que, no sólo fue el 5 la primera ficha del contrincante, el compañero aparentó huir del 5 la segunda vez que los contrincantes lo jugaron. Siendo 5 el palo de los otros, nuestro compañero probablemente tiene el [1|1] en mano y, al nosotros jugar el [2|1] esperamos que el siguiente jugador pase y dominamos el juego.

¿Hubiera sido la decisión más fácil si recordáramos que nuestro compañero pasó a 5? Definitivamente, pues ahora estamos seguros que tiene la única ficha restante que no es un 5, el [1|1]. Al nosotros jugar el [2|1] garantizamos la victoria.

Aunque el pase es las forma más certera de deducir la localización de las fichas, tan sólo nos dice lo que el jugador *no tiene* en mano. Para descubrir cuales son sus fichas hay que estudiar las jugadas que hace, teniendo en mente las posibilidades que se le ofrecen.

Veamos el siguiente ejemplo. Somos el Mano y empezamos con el [1|1]:

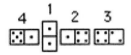

Después de esta primera ronda ya sabemos que nuestro compañero no tiene el [2|2] (pues lo hubiera puesto) y, como jugó el [2|1], su palo fuerte *puede ser* el 2.

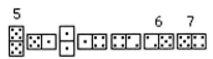

El Porra jugó el [1|2] y nosotros nos deshicimos del [5|2]. El 2nda Mano entonces cuadró al 5 del Porra y nuestro compañero puso el [4|2], repitiendo el 4 (primera ficha) del 2nda Mano. Esta no es una jugada que esperamos que haga, pues no debe desarrollar las fichas de los contrarios (Segunda Ley). Deducimos que fue jugada obligada, no debe tener otros 5s.

También notamos que al 2nda Mano no le gustó los 2s (y no tiene el [2|2]) pues cuadró en su contra. Si es cierto, nos parece buena idea ayudar al compañero a desarrollarlos.

Para poder deducir las fichas de las otra personas con las que competimos es muy importante el saber sus estrategias y estilo de juego. Esto no es tan difícil si son personas que conocemos y con las cuales jugamos a menudo.

De no ser así, nos tomará unos cuantos juegos durante el encuentro antes de que podamos deducir con certeza. Cuando sea el turno de otra persona pensamos cuales son las jugadas posibles y observamos la ficha que juegan; dependiendo de su jugada empezamos a adivinar sus fichas. Según se desarrolle el juego y pongan otras fichas, aprendemos lo que *realmente* tenían en mano. Estudiando sus decisiones podemos determinar el nivel de destreza y estrategias que utilizan.

¿Son principiantes? ¿Ponen fichas principalmente para no quedarse fallo a palos? ¿Les gusta "hacer casitas"? Es muy difícil deducir las fichas de estos jugadores. Por esto es que, si la suerte les sonríe, unos neófitos pueden ganarle a una pareja con gran experiencia.

A largo plazo, sin embargo, el jugar de forma ilógica no lleva a una victoria consistentemente. Ni siquiera el compañero puede deducir sus fichas y, por lo tanto, no puede ayudar a desarrollarlas; el jugador está luchando por sí solo.

Si los contrincantes son buenos jugadores damos por cierto que jugarán lógicamente, buscando la mejor ficha que usar, siguiendo las Tres Leyes del Dominó. De primera intención atacarán con sus mejores palos, si les es posible. Después aprovecharán a "repetir y cuadrar" sus palos fuertes.

Si no lo hacen es porque están preocupados por jugar sus dobles, o porque no tienen la ficha adecuada. Por último, si tapan su palo, o el del compañero, es porque no tienen el palo del otro lado del esqueleto, o porque tendrían que jugar una ficha muy mala (por ejemplo, una puerta de los contrarios, o una ficha que les ahorque un doble).

Esta lógica puede estar errónea. Quizás el jugador no se dió cuenta de la mejor jugada posible, o con malicia nos quiso confundir. ¡Es posible que cometa un error y levante la ficha equivocada!

En resumen, al tratar de deducir las fichas de los otros jugadores, tengamos en cuenta lo siguiente:

1) Las únicas fichas de las cuales estamos seguros del todo son las que tenemos nosotros en mano.
2) Recordemos los pases pues son la única indicación absoluta de los palos que el jugador no tiene.
3) Analizemos el nivel de destreza y estrategia de los jugadores.
4) Si los jugadores son diestros, observemos las jugadas que hacen, y analizemos las que pudieran hacer (de tener las fichas en mano). Asumimos que, de no haber puesto una ficha ventajosa, es porque no la tienen.

Siguiendo estos consejos podremos ir eliminando posibilidades y nuestras deducciones serán más acertadas.

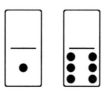

# El Cierre

El Cierre es una jugada que inmediatamente termina el juego. Representa un cuadre usando las últimas fichas de un palo que quedan por jugar. Al hacerlo ya no queda jugada posible; se muestran las fichas no jugadas y se suma el total de sus puntos. El equipo que tenga menos se le otorga el total de *todos* los puntos de fichas sin jugar. El segundo juego de ejemplo en el Capítulo 3 termina en un cierre.

Si la puntuación total de un equipo es igual a la del otro equipo (siendo empate) el cierre se considera nulo. No se otorgan puntos a nadie y el juego se repite, empezando el mismo jugador que empezó este juego nulo.

¿Cuál es la importancia del cierre? Con esta jugada controlamos directamente el desenlace del juego. De súbito podemos ganar en grande – o perder en grande. Los puntos a ganar son casi siempre más de lo que usualmente ganamos al dominar (jugar nuestra última ficha), pues quedan más fichas por jugar cuando se cierra. La puntuación máxima que es posible obtener con un cierre es 126 puntos.*

Psicológicamente un cierre puede ser muy traumático para los jugadores. La persona que tiene la "ficha del cierre" piensa para decidir si cierra o no, sabiendo que la decisión puede ser crítica para el encuentro. Los otros jugadores tan sólo pueden esperar, con la esperanza de que la decisión sea a su favor, tratando de no demostrar (por gesto o movimiento) la

---

* Lo que resulta muy interesante es que, teóricamente, se pueden ganar hasta 129 puntos dominando.

alegría (¡o terror!) que sienten al contemplar el cierre que viene.

Esta jugada puede ser la única manera de evitar una derrota. Si tenemos un doble ahorcado en mano, y por lo tanto no podemos ganar dominando, buscamos la forma de ganar con un cierre. Un ▢ o un ▢ ahorcado son buenas fichas para tener si se cierra el juego. Aunque no ganemos, si el cierre termina con puntuación empatada, anulamos y podemos repetir el juego sin penalidad.

¿Como podemos saber si un cierre es la jugada correcta? Lo primero que debemos saber es cuantos puntos quedan fuera del esqueleto al hacerlo. Sumamos los puntos de las fichas jugadas (*incluyendo* la ficha del cierre) y las restamos de 168 (la suma de todos los puntos de las 28 fichas). Entonces seguimos esta gráfica para decidir:

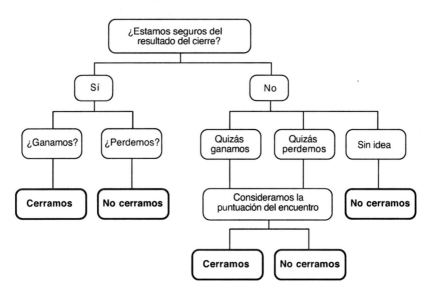

La primera decisión es determinar si estamos seguros de ganar o perder el cierre. ¿Cómo saberlo? Veamos este ejemplo:

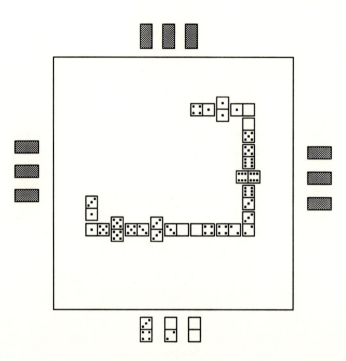

Nosotros tenemos la ficha del cierre a 3s, el ▦. Lo primero que debemos hacer es sumar el total de puntos de las fichas en el esqueleto: 97. Si le añadimos los 7 puntos del ▦ tenemos un total de 104 puntos al cerrar el juego. Para calcular los puntos de las fichas por jugar restamos 168–104 = 64; ganamos el cierre si nuestras fichas y las del compañero suman a menos de la mitad (32 puntos).

Nuestras fichas (después de cerrar) suman a 2 puntos. Si asumimos que nuestro compañero tiene las tres fichas con más puntos que quedan sin jugar, ¿cuantos puntos tendríamos? Estas tres fichas son el ▦, ▦ y ▦ (esta última empata con el ▦), las cuales suman a 27 puntos. Si ahora le añadimos nuestras fichas, vemos que *la puntuación máxima que podríamos tener es 29 puntos*. Este cierre, por lo tanto, no lo podemos perder: ¡juguemos el ▦, cuadrando a 3, y ganemos!

Ahora consideremos otro ejemplo:

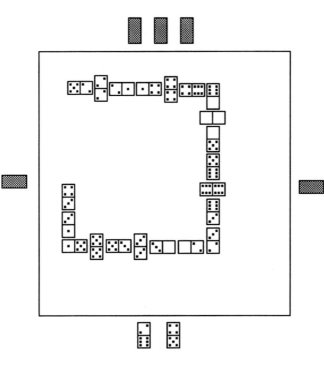

La ficha del cierre es el ▦, cuadrando a 5s. El total de las fichas jugadas, incluyendo esta ficha, es 140; quedan por lo tanto 28 puntos por jugar, y 14 es un empate. Si ahora le damos al compañero las tres fichas con menos valor (el ▦, ▦ y ▦), tendría 7 puntos. Estos, añadidos a nuestro ▦, suman 15 puntos. No podemos ganar este cierre, pues nuestra puntuación mínima posible ya es más de la mitad. Jugamos entonces el ▦ cuadrando a 4 y que continúe el juego hasta su destino final.

Como aprendimos con estos ejemplos, es de gran importancia sumar los puntos jugados, pues esto nos da información indispensable para decidir si cerrar el juego. Con fines de asegurar que hemos sumado correctamente debemos tener en cuenta lo siguiente: *al cerrar, los puntos jugados siempre suman a un número par*. Si nuestros cálculos nos dicen que se han jugado 113 puntos, por ejemplo, de inmediato sabemos que hemos cometido algún error; quizás son 112 ó 114, así que sumamos otra vez.

¿Qué hacer si no podemos saber con certeza si ganamos o perdemos el cierre? En ese caso tenemos una de tres posibilidades: nos parece probable que ganemos, nos parece probable que lo perdamos, o simplemente no tenemos la menor idea del desenlace del cierre.

Quizás sea más fácil decidir cuando no tenemos ni idea del resultado. Esto sucede a menudo cuando el cierre se presenta temprano en el juego, antes de poder deducir las fichas de los otros jugadores con gran certeza. Quiérese decir que hay pocas fichas (y puntos) jugados y, por lo tanto, este cierre puede darle una gran cantidad de puntos al equipo ganador. ¡Podemos ganar (o perder) en grande!

Cerrar un juego bajo estas circunstancias representa un riesgo, una especulación de parte nuestra, y tenemos que decidir si somos buenos apostadores para arriesgarnos de esta forma.

Es más díficil tomar la decisión si estamos en el entremedio: no hay *certeza* del resultado del cierre pero creemos poder predecirlo. Como es natural, este es el caso con que nos enfrentamos en la gran mayoría de los cierres que se nos presentan.

Ya para este punto en el juego hemos tenido oportunidad de descubrir algunas fichas de los otros jugadores. Esto nos permite mejorar las probabilidades de que nuestra decisión sea correcta.

Veamos el ejemplo en la siguiente página. La ficha del cierre es el ⚀|⚅, cuadrando a 6. El total de los puntos que quedan por jugar (después de cerrar) es 44, y no hay seguridad de que ganemos o perdamos. Les permito que hagan los cálculos, pero verán que nuestro equipo puede tener un máximo de 26 puntos (más de la mitad que falta, y perdemos) o un mínimo de 14 (menos de la mitad, y ganamos).

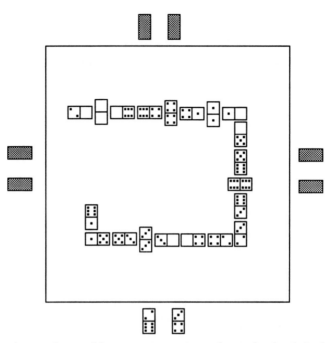

A primera intención pensamos que el resultado del cierre es al azar, hasta que recordamos (en este juego de ejemplo) que las fichas fuerte de los contrincantes eran los 5s. Nuestro compañero tuvo oportunidad de doblarse a 5 y lo cubrió con otra ficha; probablemente no tiene el [5|5].

Las fichas de más puntuación por jugar son los 5s. Asumamos que nuestro compañero sólo tiene uno de ellos, el más grande (el [5|4]). Ahora digamos que su otra ficha es la de más valor (pero no un 5); sería el [4|4] o el [6|2]. Sumando estos (9 y 4 = 13) a nuestro [3|4], tenemos sólo 20 puntos. Al cerrar ganamos 20 a 24 puntos.

Por el contrario, si nuestro compañero estaba jugando a 5s, entonces deduzcamos que tiene dos de los tres 5s que quedan por jugar. Si pensamos que (como mínimo) tiene los dos de menor puntuación (el [5|1] y el [5|2]) el total de sus puntos es 16. Estos, con nuestros 7, dan un total de 23 puntos y perdemos el cierre.

De esta forma podemos hacer cálculos y deducciones que nos ayudan a determinar el resultado del cierre. Sin embargo, se nos van a enfrentar situaciones en que no podamos deducir con tal confianza. Quizás pensamos que podemos ganar el cierre pero nos preocupa lo que sucedería de perderlo. En esta situación es que recomiendo que consideremos el tanteo del encuentro.

Si el juego está empezando, o si vamos ganando por bastante tantos, nuestra tendencia es cerrar estos juegos. Si perdemos el cierre todavía tenemos muchas oportunidades para recuperar. Por el contrario, no nos arriesgamos tanto si al perder el cierre le damos la victoria a los contrarios. En tal caso es mejor abrir el juego y soltar puntos, con la esperanza de poder ganar el próximo juego.

A veces nuestro compañero nos puede dar indicación (legalmente, claro) de que deduce que podemos ganar la puntuación. Sabiendo que tenemos la ficha del cierre, puede pensar por largo rato (sumando las fichas del esqueleto y calculando los puntos por jugar) y, de manera deliberada, jugar la ficha que nos permite cerrar. Nos quiere decir que tiene pocos puntos en mano, y nos "ha pedido el cierre". No debemos cerrar a ciegas; ahora sumamos nosotros y decidimos si hacerlo o no.

Hay un dicho que dice así: "Juego gano no se cierra". Estudiemos el ejemplo en la página siguiente.

Una vez más tenemos el [2|6] como ficha del cierre, pero esta vez tenemos otro 2 que podemos jugar. Al sumar los puntos calculamos que el resultado no es definitivo (si nuestro compañero tiene fichas grandes vamos a perder). Si jugamos el [2|6] ganamos con certeza porque somos el líder y nadie puede evitar que, en la próxima ronda, dominemos con la puerta de 6s. ¿Porqué arriesgarnos entonces a perder cerrando el juego?

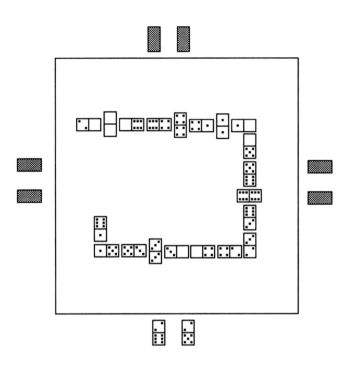

Esta lógica es razonable si no estamos seguros de quién gana el cierre, especialmente si tememos el perderlo. Por otro lado sería un grave error no cerrar el juego si estamos seguros que lo ganaríamos. Lo que hacemos entonces es permitirle a los contrincantes deshacerse de puntos, lo cual nos podría costar la victoria más adelante.

Esto nos dice que debemos estudiar la posibilidad de cerrar el juego *cada vez* que se nos presente la oportunidad, no importa si estamos convencidos de que lo ganamos o perdemos, ni de que tengamos el juego ya gano de otra forma.

¿Qué hacer si no queremos cerrar el juego? Si tenemos otra ficha que podemos jugar (como en el último ejemplo) nos podemos quedar con la ficha puerta por lo menos una ronda más. Si no tenemos tal ficha entonces cuadramos al otro número, por el cual sí hay jugadas legales por hacer.

Si soy su compañero y lo veo huir del cierre entonces debo comprender que usted llegó a la conclusión de que podríamos perderlo. ¿Tendría usted fichas con muchos puntos, o quizás pensó que yo las tenía? La respuesta a esta pregunta me dirá mucho acerca de sus fichas en mano. También me dice que es poco probable que tenga otras fichas del palo al cual cuadró, pues si la tuviera no hubiera jugado esa ficha puerta.

Reconozcamos que, no importa cuantas sumas, restas y deducciones hagamos, cerrar un juego es muchas veces un riesgo calculado. Un riesgo que, al igual que una apuesta, puede tener resultados tanto espectaculares ("100 puntos - ¡Toma!") como catastróficos ("100 puntos - ¿Pero qué has hecho, Dios mío!").

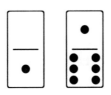

# Las Tres Puertas
# (y otros Cuentos del Dominó)

En este capítulo les presento jugadas y situaciones que no hemos discutido antes. Vamos a discutirlas una a una, utilizando los principios que hemos aprendido a través del libro.

**I. El Cuento de Las Tres Puertas**

Digamos que sucede un cuadre de tal forma que nos quedamos con las últimas tres fichas que juegan.

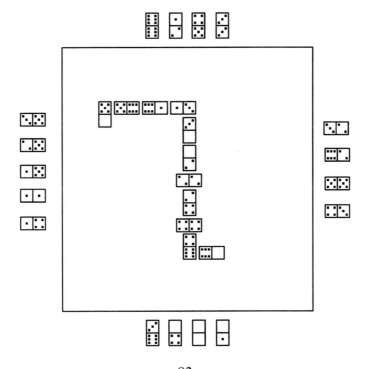

Somos el líder del juego y tenemos tres "puertas" (incluyendo el doble). Lo más fácil es doblarnos ahora al blanco, hacer pasar a todos y jugar un blanco después, ¿no?

Al igual que en este ejemplo es común que, después de jugar la puerta de un lado del esqueleto, nos fuerzen a soltar la del otro lado en la próxima ronda y perdemos el control del juego. Dóblense en el blanco y ya verán que perdemos el juego, no importa si después jugamos el [ | •] o el [ |:·:].

Por lo tanto es mejor quedarnos con ese doble. Así, cuando el Porra juegue el [·.|:·:] o el [·.|:·:] (dependiendo de cual blanco juguemos primero), nos podemos doblar con el [ | ] y todavía mantenemos una puerta y el control del juego. Cuando nuestro compañero nos vea soltar el doble ya comprenderá que no tenemos del otro lado del esqueleto y buscará la forma de ayudarnos.

No quiero decir que el doblarse de primera intención sea siempre una mala jugada, es que tener ese doble en mano nos permite controlar el juego, lo cual puede determinar el resultado final. La única situación en que doblamos sin titubear es si esas tres puertas son las últimas fichas que nos quedan; de esta forma nadie puede impedir que ganemos y, al dar un pase general, evitamos que jueguen fichas y ganamos más puntos.

**II. La Salida Abierta**

Nuestro compañero comienza el juego con una ficha abierta (no con un doble). Nuestra estrategia depende de lo que creamos que significa esa ficha.

### A. El 2nda Mano no se dobla

    1   2
  [:::|·.][·.|:·:]

El compañero empieza con el [:::|·.] y notamos que nosotros no tenemos ninguno de esos dobles; sospechamos que ha usado la Salida de Almodóvar. Esto quiere decir que tiene un juego pobre, con muchos dobles, y que inició el juego con una ficha abierta de la cual tiene los dos dobles (el 🁢 y el 🁢, en este caso).

Al ver que el 2nda Mano no se dobla estamos casi seguros de que es así. Digo "casi seguros" pues es posible que el Porra los tenga.

Lo que debemos hacer es tratar de cuadrar a 6 (tapando el 4 del contrincante) con el 🁢, para que nuestro compañero pueda jugar su 🁢. ¡De no cuadrar de esta forma, ya se asume que no tenemos ese 6 en mano!

**B. El 2nda Mano se dobla**

Ahora sabemos de inmediato que no es un Almodóvar, y que su juego debe ser bastante bueno. Quizás hasta tengamos el otro doble en nuestra mano. ¿Qué hacer ahora?

Si tenemos el 🁢 debemos jugarlo. De esta forma no estamos tapando ningún palo de salida y, al Porra jugar, Mano tiene la oportunidad de atacar cuadrando a un palo de salida.

De otra forma debemos jugar por el 6. Esto le dice al compañero que no tenemos el doble y, si hay la oportunidad, buscamos ahorcarlo.

Si el 2nda Mano tuviera el 🁢 lo hubiera jugado de primera, pues es mejor soltar 12 puntos que 6. Su jugada a 🁢 nos ayuda a ubicar el otro doble en manos del Porra – o en mano del compañero, si tiene cinco o más 6s.

**C. El 2nda Mano tapa y nosotros tenemos un doble**

Tenemos el 🁢 o el 🁢 y sabemos de inmediato que no es un Almodóvar. Puede que hasta tengamos el 🁢 también. Lo que *no* queremos hacer es doblarnos, pues puede que el Porra tenga el 🁢 y, de tenerlo, atacará cuadrando a 4. Esto podría hacer pasar al compañero y perderíamos la posición líder.

Lo que debemos hacer es pensar un poco y tapar el 4 con una ficha abierta. De no tener otro 4 entonces es mejor doblarse con el ⟦4|4⟧. De no tener ningún 4 es aceptable el doblarse con el ⟦6|6⟧.

Aquí vemos la importancia de seguir estos pasos lógicos. No solamente estamos haciendo la mejor jugada, también le damos indicaciones a nuestro compañero de nuestras fichas. Si nuestro compañero nos ve jugar el ⟦4|1⟧ no sabe mucho de nuestras otras fichas, pero si jugamos el ⟦4|4⟧ ya sabe que no tenemos otro 4. ¡Si jugamos el ⟦6|6⟧ no tenemos ningún 4!

**D. El Mano tiene uno de los dobles**

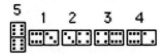

Digamos que tenemos el ⟦2|2⟧ y por lo tanto sabemos que no es una salida de Almodóvar. Sin embargo, en su próxima jugada el Mano se dobla a 6.

Esto nos dice que empezó con cinco 6s pues no tenía miedo que su ⟦6|6⟧ se ahorcara. Ya sabemos tres de sus fichas (los 6s que faltan); también sabemos que no tiene 2s, pues de haberlos tenido no hubiera descubierto su doble. Ahora debemos jugar para permitirle cuadrar a sus 6s.

**III. La Historia de La Mala Repetición**

Recordando el Capítulo 9 (Tapar, Repetir y Cuadrar) debo mencionar una jugada peligrosa la cual no debemos hacer: repetir el palo del contrincante.

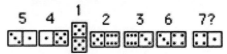

En este ejemplo somos el 3ra Mano. En la segunda ronda jugamos el ⟦3|1⟧ para no tapar el 3, que fue nuestra primera jugada. Sin embargo, al repetir el 1 estamos ayudando a desarrollar el palo del contrincante (lo cual rompe la Segunda

Ley). Esto les permite que se deshagan del doble, o que luego cuadren a los 1s y se queden con su puerta, tomando control del juego.

Es mejor jugar otra ficha que repetir el palo enemigo. Si lo fuera necesario, tapamos nuestro propio palo o el del compañero, para evitar desarrollar el contrario.

Quizás esta repetición no sea tan peligrosa si tenemos la puerta del otro lado del esqueleto. Aunque no le demos un pase al contrincante con esta jugada, sabemos que los obligamos a tapar su propio palo.

**IV. Las Fichas Cruzadas**

Digamos que nuestro equipo controla un palo durante un juego: un contrincante pasó a ese palo y el otro se vió forzado a tapar su propio palo fuerte, o quizás hasta tuvo que soltar una puerta. Esto nos dice que nosotros tenemos las fichas que quedan de ese palo fuerte. Por ejemplo:

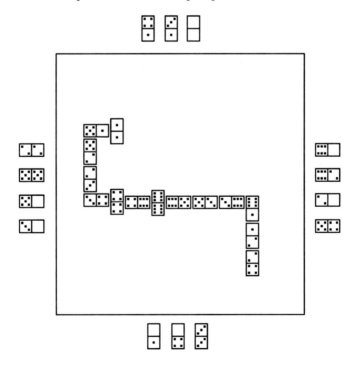

El palo fuerte de nuestro equipo es el 1. Tenemos uno de ellos, el [1|0]; también tenemos un 4, el [4|1]. Estamos seguros que nuestro compañero tiene los otros 1s que faltan, el [1|2] y el [4|1]. ¿Qué debemos jugar?

La respuesta sería muy fácil si pudiéramos cuadrar a 1, pero no tenemos el [4|1]. Nuestro primer instinto es tapar el 4 con el [4|4]. De otra forma, estaríamos cubriendo nuestro 1 fuerte y le haríamos creer a nuestro compañero que no tenemos 4s.

Puede suceder, sin embargo, que al jugar por el 4 el siguiente jugador ataca y le hace al compañero cubrir su propio 1, digamos con el [1|2]. Esto nos deja a cada uno con un 1 y, como no cuadramos en la jugada anterior, ya saben que el [1|5] está en mano del compañero. Trate de continuar este juego de ejemplo, querido lector, y verá que al nosotros jugar el [4|4] los contrincantes nos ganan.

Tener estas "fichas cruzadas" nos complica la situación. Los contrincantes pueden jugar para evitar que ataquemos con los 1s, le juegan blancas al compañero y 4s a nosotros. Por esto es mejor el jugar el [1|0], pero *sólo* si estamos seguros que el compañero tiene las otras dos fichas.

Pensemos un poco antes de jugar el [1|0]. El compañero, que sabe que este es nuestro único 1, comprende que pensamos porque tenemos un 4, pero que decidimos no cruzar la fichas. Los contrincantes pueden confundirse y creer que tenemos otro 1 (y fallo a 4). Esto puede llevar a que le permitan el cierre al compañero, ¡sin ellos desearlo!

¿Qué hacer si tenemos el [4|1]? Al cuadrar a 1 (y después del pase del siguiente jugador), nuestro compañero debe jugar uno de sus 1s, y hacerlo de forma rápida. Esto crea incertidumbre en los contrincantes de donde está el último 1 y nuevamente puede llevar al cierre, ganando muchos puntos para nuestro equipo.

## V. La Adivinanza de la Puerta Abierta

Nuestro compañero acaba de jugar la puerta de su palo, sin tener oportunidad de hacer un cierre. Ahora es nuestro turno y estamos desesperadamente tratando de deducir cuál es su última ficha – ¡pero no tenemos *la más mínima* idea! ¿Qué hacer?

En este momento de incertidumbre hay una "regla" que me ha ayudado en muchas ocasiones: es la Regla de la Puerta Abierta. Estudiemos este juego:

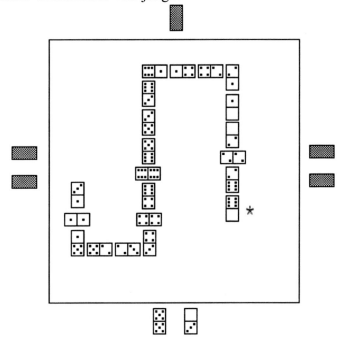

Nuestro compañero acaba de jugar su puerta de los 6s, el . De haber podido, él hubiera atacado antes a los 6s con esa ficha; quizás hasta hubiera cerrado el juego. Esto quiere decir que probablemente nunca se le presentó un blanco para hacerlo – y que nunca tuvo la oportunidad de jugar un blanco. Si queremos estar seguro debemos reconstruir mentalmente el esqueleto (hemos estado practicando, ¿no?).

Cuando no sabemos la ficha que le queda al compañero y tengamos que *adivinar*, miremos al otro palo de la puerta que acaba de jugar (en este caso el blanco es la "Puerta Abierta") y asumimos que tiene otra de esas. El cuadrar a blancos con el [·.|] puede ser la mejor oportunidad de ganar el juego, asegurando que uno de ellos le llegue al compañero.

**VI. El Sacrificio**

Recordemos que el dominó es, ante todo, un juego de parejas. Esto implica que a veces no solamente tenemos que sacrificar el desarrollo de nuestras fichas, sino hasta las fichas mismas, para que el compañero gane el juego. Estudiemos este juego:

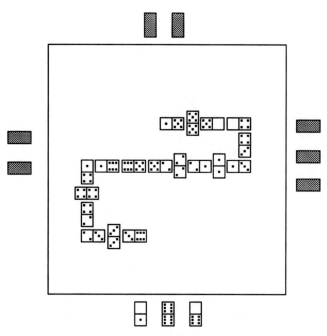

Siendo nuestro turno de jugar, lo más fácil es jugar el [:::|:::], ¿no es así? Después de todo estamos deshaciéndonos de una ficha mala y nos quedamos con la puerta de 1s, apretando al jugador siguiente. Recordamos de pasada que nuestro compañero salió con el [·.|·.], pero no pensamos más allá de la alegría de doblarnos. Por lo tanto jugamos el [:::|:::] y procedemos a perder el juego.

¿Qué pasó? Volteamos las fichas y la solución es clara:

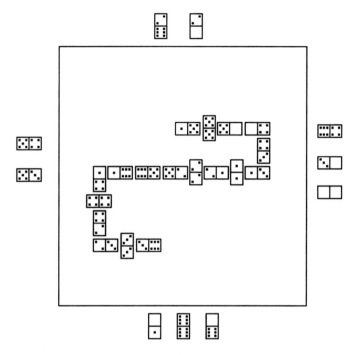

De haber seguido el juego con cuidado y tratar de deducir las fichas en mano este resultado no debió de ser gran sorpresa. Cualquier otra jugada en vez de soltar la puerta a 1s hace pasar al compañero y nos lleva a la derrota.

Nuestro compañero salió con el [2|1] y jugó desarrollando este palo. Podemos saber que los últimos 2s por jugar son el [5|2] y el [2|0]. Al jugar nosotros el [1|0] le permite jugada al compañero por los dos lados. De todos modos deberíamos pensar un poco antes de jugarlo, para que el compañero sepa que no fue jugada obligada y que sí tenemos otras fichas por el otro lado (el del 6).

¿Pudiera haber otro sacrificio mayor que el de abrir la puerta por el compañero? Sí lo hay: el de ahorcarse uno mismo su propio doble. Usando el mismo ejemplo, si además de las tres fichas ilustradas también tuviéramos el [1|1]. Para asegurar la victoria hubiéramos tenido que ahorcarlo jugando el [•|  ].

¡Más vale que nuestra pareja agradezca estos sacrificios, pues son bastante dolorosos!

### VII. ¡Hombre al Agua!

El jugador líder empieza el juego con el [4|4]. Nuestro compañero, que le sigue, pasa a 4 y el siguiente pone el [4|1]; nosotros tenemos fichas que pueden ser jugadas por los dos lados del esqueleto.

¿Qué hacer ahora? ¿Debemos tapar el 4 para ayudar al compañero (le tiramos una línea al "hombre al agua")? Quizás nosotros, siendo más Mano que él, debemos guardar ese 4 para cuando nos cuadren, y el compañero que se las arregle como pueda.

Reconozcamos lo siguiente: 1) para ganar, necesitamos que tanto el líder como su compañero pasen; y 2) para hacer esto nuestro compañero nos tiene que ayudar. Pues entonces, ¿cómo puede ayudarnos si se está ahogando con los 4s? Veamos las jugadas posibles.

Si tenemos el doble del palo que comenzó el tercer jugador (en este caso el [1|1]) lo debemos jugar. Nos deshacemos de una ficha pobre y obligamos al Mano a tapar la del compañero o su propia ficha. De cualquier forma nuestro compañero debe poder jugar en el siguiente turno.

De no tener ese doble pero sí algún 4, debemos tapar la salida. Esto asegura que el Mano no va a poder cuadrar a 4s y nuestro compañero debe poder jugar.

Cuando tenemos tres o cuatro 4s, ¿debemos tratar de "hacer casitas" con ellos y dejar el [4|4] abierto? Recordemos la frase que dice "El que juega con la Mano se divierte pero no gana" – estaríamos tratando de ganar usando las fichas de los contrarios, sin que nuestro compañero nos pueda ayudar. Mejor es tapar la salida y permitir al compañero jugar.

¿Y qué tal si tenemos un solo 4, y el otro lado de la ficha está fallo también? Por ejemplo si nuestro único 4 es el [4|6] y no tenemos otro 5 más. Jugar esta ficha puede ser peligrosa pues al ponerla nos quedamos fallo a dos palos. Por otro lado, esta ficha en nuestra mano es *muy* peligrosa, pues al desarrollarse los 5s puede que tengamos que jugarla y darle el 4 a los enemigos. Prefiero salvar al hombre al agua; juguemos el [ficha] sin pensar, para que el compañero sepa que es nuestro único 4 y sospeche que el 5 no es nuestro palo fuerte.

Sin embargo, si tenemos cinco 4s en mano, ¡Zafarrancho de combate! ¡Sálvese quien pueda, que ahora sí que halamos la mano!

## VIII. El Cuento de la Traición con Razón

Nuestro compañero empezó el juego y ahora es nuestro turno:

Estas son nuestras fichas:

La jugada clásica es tapar el blanco del contrincante con nuestro [ficha]. Algunos jugadores prefieren jugar el [ficha] (dándole al 1 de salida) como una alternativa estratégica. Veamos el porqué.

Ambas fichas ya jugadas son pequeñas, de poca puntuación. Si nuestro compañero desarrolla los 1s puede que, si la oportunidad se le ofrece, quiera cerrar el juego. Debemos de hacerle entender que nuestro juego es a fichas altas y, jugando el [ficha], le enviamos el mensaje crucial.

Si jugamos el [ficha], por el contrario, le estaremos enseñando juego a fichas bajas, lo cual tentará aún más a cerrar el juego. Además, le damos mensaje equivocado pues nuestro juego fuerte son los 5s y no los 2s.

Nuestro compañero ahora nos debe ayudar a desarrollar los 5s, repitiéndolos si puede. Si se nos ofrece la oportunidad de cerrar a los 5s, los 1s en mano del compañero nos darán la ventaja para ganarlo.

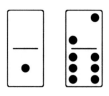

# Juegos Ejemplares

En este último capítulo presento cuatro juegos que nos pemiten ver en acción los conceptos y estrategias que hemos aprendido en el libro. Los veremos solamente desde mi punto de vista, es decir, no sabremos las fichas de los otros participantes hasta que ellos las pongan sobre la mesa. Juegue conmigo, querido lector; analizemos las posibilidades y tomemos decisiones según nos lo dicte nuestra lógica.

En cualquier momento del juego hay tan sólo un número fijo de jugadas posibles, las cuales trato de anticipar. Mientras los otros piensan sus jugadas durante su turno, me pregunto cuales son las posibles fichas que tienen para escoger y cuales serán las consecuencias de ponerlas.

Si pienso bastante adelantado ya habré deducido la mejor ficha que debo jugar cuando sea mi turno; así no tengo que perder tiempo en pensar para decidir la ficha que debo poner. Juego rápido o lento a mi gusto para poder comunicarle al compañero mis posibilidades (y así ayudarlo a deducir mis fichas en mano), evitándole confuciones creadas por pensar en el momento equivocado.

Empiezo cada juego analizando mis fichas en mano y decidiendo cuál va a ser mi estrategia de comienzo; ofensiva, defensiva o primordialmente apoyando al compañero. Cuento cuantos dobles tengo, y a que palos estoy fallo, pues estas son nuestras debilidades. Si mis fichas son altas en puntos pienso descargar; si son bajas pienso en cerrar.

Según se va desarrollando el encuentro trato de descubrir la estrategia que siguen los otros jugadores. Esto se hace mediante analizando sus jugadas, hayan sido brillantes o erróneas. Así se descubren sus fortalezas y debilidades y nos permite saber como atacarlos con mejor certeza.

Trato constantemente de adivinar donde están las fichas por jugar. Para esto recuerdo los pases (pues ellos nos dan información a ciencia cierta) y las jugadas, tanto la hechas como las no hechas.

Mantengo un ojo abierto por los dobles, para ayudar al compañero a jugarlos y ahorcar (si es posible) los de los contrincantes.

Y no olvidemos las Tres Leyes del Dominó; ellas son la base de la estrategia clásica.

La mejor forma de seguir estos ejemplos es usando sus propios dominós. Empieze separando las siete fichas con que comenzamos; deje las otras aparte pues las usaremos para construir el esqueleto. Después de cada juego usted debe saber cómo estaban distribuídas las fichas entre los jugadores; si lo desea puede distribuirlas y repetir el juego para comprender mis observaciones y sugerencias.

Yo soy el jugador SUR, con mi compañero NORTE, lidiando contra la pareja de ESTE y OESTE.

## I. Primer Juego, en el que llevo la posición de Líder (Mano)

Estas son las fichas con las que empiezo el juego:

Es una mano pobre pues tengo tres dobles y ningún blanco. Al tener más de dos dobles busco una ficha que me permita usar la salida de Almodóvar (Capítulo 7); encuentro el ▫▫|▫▫.

Después de pensar por un rato (para dejarle saber al compañero que tengo dificultad de escoger la ficha – por lo tanto no son muy buenas) empiezo con el ▫▫|▫▫. ESTE piensa un poco y pone el ▫|▫. Ya mi compañero adivina porqué salí con ficha abierta y asume que tengo el ▫|▫▫ y el ▫▫|▫▫. Ahora cuadra a 5 con el ⟦1|5⟧, repitiendo un palo de mi salida y permitiéndome soltar un doble.

OESTE piensa un rato largo, lo que me preocupa (debe tener muchos 5s), y pone el ⟦ |5⟧. Este es el esqueleto:

⟦ |5⟧⟦5|5⟧⟦5|1⟧⟦1|1⟧⟦1|5⟧

¡Aquí está el blanco que temía! Por lo menos puedo descargar el ⟦5|5⟧.

ESTE también piensa por un rato largo y juega el ⟦ |6⟧. Si tapa el blanco de su compañero entonces no tiene 5s o quiere desarrollar los 6s. También es posible que, observando a su compañero pensar tanto en los 5s, los quiere dejar en pie.

NORTE juega el ⟦6|5⟧ sin pensarlo mucho. ¿Será su único 6? Aparentemente no tiene el ⟦6|6⟧, pues lo hubiera jugado.

Y ahora OESTE cuadra a 5 con el ⟦5|5⟧:

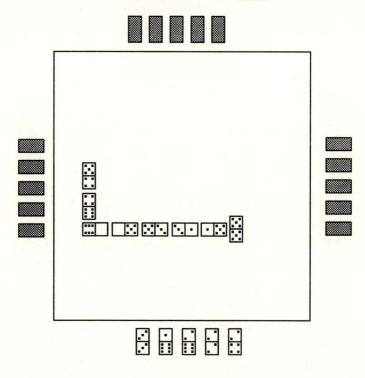

Yo paso – ¡pero también pasan los jugadores ESTE y NORTE! Esto se llama un "Pase General": cuando un jugador hace pasar a todos los otros, pues tiene las últimas fichas de ambos lados del esqueleto. Con esta jugada OESTE deja de ser el Porra y se convierte en el Líder. Se sonríe y juega el [2|6], repitiendo el 6 del compañero.

Ahora tengo para escoger en el 6. No quiero jugar el [6|1] porque estaría repitiendo el 1 que comenzó ESTE. Juego por lo tanto el [6|2], siendo los 2s mi palo fuerte. ESTE juega el [2|1] de forma rápida (¿no tiene otro 2?). Mi compañero piensa una vez más en el 1 y se dobla con el [1|1]. OESTE juega el [1|0], repitiendo su blanco:

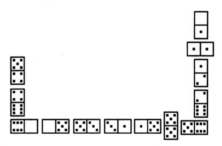

Vuelvo a pasar. ¿No pudo mi compañero evitar que me atacaran una vez más con los blancos? ¿Cuál es su otro 1 (recordemos que, si pensó antes de doblarse, debe tener otro de ellos)? Teniendo yo el [1|6] en mi mano, el suyo debe de ser el [1|5] y el [5|0] tampoco se ha jugado. La repetición al blanco era posible como quiera que jugara y, en ese caso, mejor es salir de un doble molestoso.

Ahora ESTE piensa un buen rato (debe de ser en el blanco pues OESTE tiene el 5 de puerta). ¿Podemos deducir cuales son sus blancos? No es el [0|1], o se hubiera doblado de segunda ronda. No debe ser el [0|2] porque jugó al 2 en su ronda previa muy rápido. Esta eliminación nos dice que debe tener en mano el [0|3] y [0|4]; ahora entendemos su dilema.

No quiere jugar el 3 porque ese número es mi salida. No quiere jugar el 4 porque mi compañero ya ha jugado uno. Por fin se decide a jugar el [domino], quizás pensando causar el menor daño posible.

Ahora mi compañero piensa también por rato largo (tiene 4s para escoger), y se dobla con el [domino] ... ¡y OESTE pierde su puerta a los 5s!

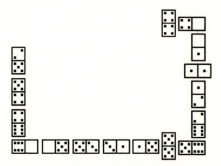

Mi compañero está fuerte a los 4s. Yo tengo el [domino] y cuadro a 4; ESTE pasa. NORTE ahora piensa un poco y juega el [domino], repitiendo mi salida. Recordemos que (por la salida inicial) ya sabe que tengo el [domino] en mano. OESTE pasa (no tiene 3 y mi compañero NORTE tiene la ficha puerta de los 4s), y ahora NORTE se convierte en Líder.

¡Por fin puedo jugar el [domino]! ESTE piensa brevemente y juega el [domino], repitiendo su 6. Mi compañero tiene que soltar la puerta, el [domino], y OESTE vuelve a pasar.

Ahora (vea diagrama de la página siguiente) tengo para escoger enter cerrar al juego, cuadrando a 1s, o cuadrar a 6s y dejar que ESTE cierre con su doble. ¿Estamos de acuerdo en que ESTE tiene el [domino]? No debe haber duda de esto; NORTE soltó la puerta por no tener 6s y OESTE pasó a ellos.

¿Puedo ganar si cierro a 1s? Después de cerrar el juego se habrán jugado 142 puntos (los puede contar en el diagrama: 135 puntos jugados y 7 del [domino]), por lo tanto faltan 26 puntos en las fichas en mano. Mitad de esto es 13 y por lo tanto, gano si los contrincantes tienen más de esta puntuación.

Las tres fichas más pequeñas que quedan por jugar son el [domino], [domino] y el [domino]. Si se las asignamos a ESTE-OESTE y sumamos el [domino], descubrimos que la *puntuación mínima* que pueden tener es 17 puntos. ¡Este es un cierre que no podemos perder!

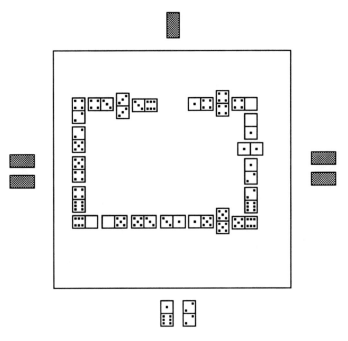

Al cerrar a 1s se viran las fichas y se cuentan los puntos. ESTE tenía al [1|2] junto al [5|6], mientras que NORTE tenía el [2|3]. Nuestro equipo gana los 26 puntos del cierre.

**II. Segundo Juego, en el que llevo la posición de Trasmano (OESTE empieza)**

Estas son mis fichas al empezar:

Es una mano promedio, falla a 2 y teniendo un doble acompañado por una ficha más. Los 6s son mi palo fuerte, teniendo tres de ellos. Me empiezo a preocupar de que OESTE empiece el juego saliendo con el [2|3], pues me hará pasar de inmediato.

La salida, sin embargo, es el [2|5]. Esto quiere decir que OESTE tiene muy buenas fichas (sin dobles o una quinta de 2s con el doble), o ha usado la salida de Almodóvar pues yo no tengo el [2|2] o el [2|6]. Juego el [2|6] para empezar a desarrollar mi palo fuerte. ESTE cuadra a 2 con el [6|2]. NORTE, mi compañero, pasa.

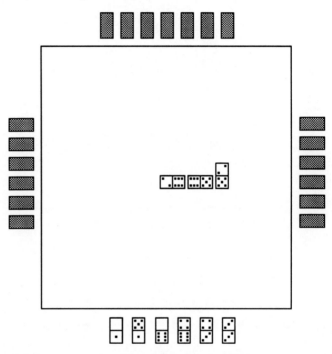

¡Peligro! Los contrincantes tiene todos los 2s. Y ahora, si OESTE tiene el [2|2], prontamente lo jugará y me hará pasar. Si así lo hace quiere decir que probablemente empezó el juego con cinco 2s en su mano.

Juega el [2|3], sin embargo, lo que localiza el [2|2] en mano del jugador ESTE.

Ahora puedo jugar el [3|3] o el [3|5]. Si juego el doble ESTE no puede volver a cuadrar a 2 y mi compañero debe poder jugar una ficha. Sin embargo, considero que los 2s son imparables; si vamos a tener oportunidad de ganar este juego hay que hacerlos jugar rápido (¡sin permitirles que cierren, claro es!). El [3|5] puede ser así una mejor jugada. Además, el [2|4] quizás no esté en mano de ESTE y así localizo otra ficha. Y si de todos modos ESTE cuadra a 2 y mi compañero pasa otra vez, OESTE no me va a poder hacer pasar pues tendrá que pegarle al 2.

Decido jugar el [3|4]; ESTE tenía la ficha de cuadre y juega el [2|4], haciendo pasar al compañero:

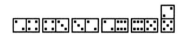

OESTE tiene que tapar otro 2 y no puede atacarme. Piensa por poco tiempo y juega el [2|1]. Si lo ha pensado probablemente tiene el otro 2 en su mano, el [2|0].

Puedo jugar el [1|5] o el [1|0]. Ya he localizado el [2|0] en mano de OESTE y por lo tanto no debe ser peligroso jugar el blanco. Si juego el [1|5] entonces repito el otro palo de salida, lo cual no es bueno. La jugada es obvia: pongo el [1|0] en el esqueleto.

Debemos darnos cuenta que, si OESTE pensó *sin tener otro dos en mano*, hemos caído en una trampa pues nos van a cerrar el juego. En competencias regidas por el reglamento internacional el pensar "en falso" es una falta con multa y, por lo tanto, no me preocupa en esta situación.

ESTE juega el [2|2] rápidamente. Deducimos que no tiene el último 2 en mano, y además probablemente no tiene blancos.

Ahora le toca a NORTE jugar por primera vez. El piensa mucho, lo que indica que tiene varios blancos que jugar. La mejor jugada debe ser el [0|6], para repetir mi primer 6, pero esa ficha la tengo yo. Las jugadas malas son doblarse (permitiendo el cierre) o el [0|5] (palo con el que comenzó OESTE). El [0|1] o el [0|3] serían mejores fichas; no nos sorprende, por lo tanto, ver que juega el [0|1].

OESTE, todavía el Mano o Líder, pone el [5|3]. Es una gran ficha pues repite el 5 de salida. Mi jugada es forzada: el [5|1]. ESTE juega el [1|1], deshaciéndose del doble.

La mejor jugada que podría hacer NORTE en este momento, si la tiene, es jugar el [1|3]. Así repite el 3 a OESTE y me ayuda a jugar mi [3|3]; habiendo pensado en la segunda ronda, debe esperar que yo tenga por lo menos un 3 más. No sabe donde está el [3|3], si lo tiene ESTE o yo, pero de seguro que no está en mano de OESTE (hubiera comenzado el juego con este doble o lo hubiera jugado en la última ronda).

Piensa un poco de tiempo y juega el [1|3]. ¿Quiere decir que no tiene el [1|3]? El [5|5] no se ha jugado todavía y, si OESTE lo tiene, va a atacar con él. ¿O será que él mismo tiene el [5|5] en mano y sabe que nadie lo va a poner? Quizás está tan sólo repitiendo el 4, mi segunda ficha jugada.

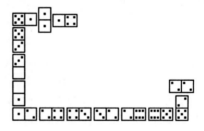

OESTE se dobla en el 4. Si empezó el juego con una ficha abierta, quiere decir que probablemente no tiene más 4s, lo cual es información crítica. Le quedan dos fichas y sabemos que una de ellas es el [2|1], y la otra *no* es un 4. Esta otra ficha puede ser un 6 o un blanco, pero si es un 5 (su otro palo de salida) tiene que ser el [5|0]. Ya le vamos identificando tentativamente sus fichas.

Aunque mi jugada otra vez es forzada, el [3|6] es muy bueno. Repito el 6 con el cual empecé y el [6|0] está en mi mano; por lo tanto no le va a llegar el blanco a OESTE (impidiéndole cerrar el juego).

ESTE juega el [6-1] rápido. No tiene el [6-6], el cual debe estar en mano de mi compañero; por lo rápido que jugó pienso que no tiene otros 6s.

NORTE pone el [1-2]. ¡Tenía esta ficha y no la jugó antes como yo hubiera deseado!

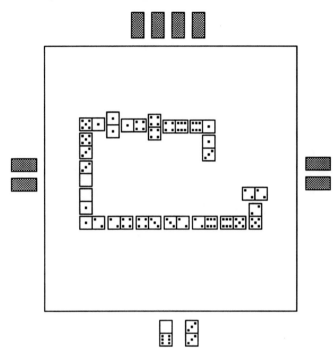

¿Podemos ahora deducir cuales son las fichas de los otros jugadores? Empezemos con ESTE. Sabemos que no tiene blancos (al doblarse en el [1-1]) y, si le eliminamos los 6s, las únicas dos fichas restantes son el [5-5] y el [3-5].

OESTE tiene la puerta de 2s, el [2-1], y creo la otra ficha es un blanco (recordemos *El Cuento de La Puerta Abierta*, Capítulo 17). Probablemente es el [0-3]; este blanco está medio-adivinado, pero si nó sería el [0-1] y no creo que hubiera comenzado con ficha abierta si lo tuviera.

Mi compañero, por lo tanto, tiene el [6-6], [6-2], [2-1] y el [0-1] en mano.

De esta forma hacemos deducciones a base de las jugadas observadas durante el juego. Veamos si han sido correctas.

Para empezar, OESTE no debe tener 3s y está forzado a jugar la puerta. En efectivo, le llega el turno y suelta el [2|1]. ¡Por fin se acabaron los 2s!

Mi [1|1] está en peligro de ahocarse, pero observemos lo que sucede si me doblo en el 3. ESTE va a pasar (sin 3s ni blancos). NORTE tiene que tomar una decisión delicada. Si juega el [1|6] para repetir mi 6s, deja el blanco abierto y OESTE gana. Lo mismo sucede si se dobla con el [1|1]. Si tapa el blanco con el [1|2] tanto OESTE como yo pasamos, ESTE juega el [2|5] y OESTE gana con su [5|1].

Mi otra opción es jugar el [0|6], dándole los 6s a mi compañero. El debe deducir (al pasar ESTE a 3) que yo tengo el [1|1] en mano y no ahorcarlo. Su mejor jugada es ahorcarse el [6|6] cuadrando a 3s, dominando yo y contando los 12 puntos del doble para nuestro equipo. Puede hasta pensar en cerrar el juego, si cree que lo ganaríamos, pero de esta forma no nos sumamos tantos puntos.

Juego el [0|6] y, como esperaba, ESTE pasa. NORTE, no muy seguro de sí mismo, decide jugar el [6|6] para no ahorcárselo él mismo, y quedándose con la puerta de los 6s. No es la mejor jugada pero por lo menos no me ahorcó el doble 3.

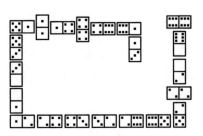

¡OESTE pasa y gano el juego, dominando con el [1|1]! Aquí está el tablero al final del juego:

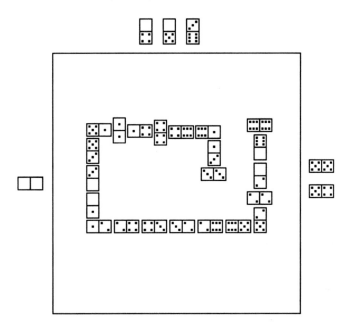

Resultó que OESTE sí tenía el [ | ] y, aunque estaba correcto en que tenía un blanco, fallé en identificarlo. Por lo menos no fue un error crítico y ganamos el juego, sumándonos unos 37 puntos.

### III. Tercer Juego, en el que llevo la posición de 3ra-Mano (NORTE empieza)

Estas son mis fichas:

No tengo 6s y el único 2 es un doble. Mi esperanza es combinar los 5s o blancos con mi compañero Líder.

NORTE empieza con el [· ·|· ·]. OESTE le sigue rápido con el [· ·|····]. Como no tengo 6s estoy forzado a tapar la salida del compañero, y juego el [· ·|· ·] rápido para dejarle saber que no tengo otro 4. Si ESTE tiene el [· ·|····] en mano lo debe jugar en este momento; como temía, cuadra a 6s con esa ficha:

NORTE juega rápido el [6|5]. OESTE piensa un poco y juega el [2|3]; deducimos que tiene por lo menos un 3 más. Me doblo en el 2 pues es mi única jugada, aunque veo que falta el [1|6] por jugar. Por mala suerte ESTE lo tiene y ataca una vez más:

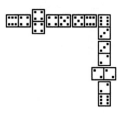

Mi compañero pasa esta vez, perdiendo la "Mano" o posición líder. OESTE juega el [6|0] sin pensarlo. ¿Quiere esto decir que ESTE tiene los últimos dos 6s que quedan, o está tratando de confundirnos?

Pienso un rato para estudiar mis posibilidades, y para comunicarle a NORTE que tengo varios blancos. La mejor jugada aparenta ser repetir el 5 que jugué en la primera ronda. Jugar el [0|3] puede ser bueno, al repetir el 3 que puso mi compañero. Jugar el [0|1] invita al cierre, lo cual puede ser muy peligroso para nosotros.

Después de jugar el [0|2] ESTE pone el [6|6]. Me da a entender que no tiene 5s.

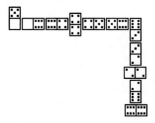

NORTE ahora piensa un poco y pone el [2|1]. Doblarse a 5 hubiera sido mejor jugada, por lo cual creo que el [5|5] está en mano de OESTE, y (como tengo el [5|3]) el otro 5 que tiene mi compañero debe ser el [5|2].

¿Cayó NORTE en una trampa al jugar el [6|1|1]? El 6 que falta es el [1|6]  y si OESTE lo tiene (habiéndonos engañado al no pensar en el 6 anteriormente) va a poder cerrar el juego. OESTE juega el [1|1], sin embargo, lo que me dice que la puerta de los 6s está en mano de ESTE.

Yo paso y ahora los contrincantes son Líder y 2ndo-líder. ESTE juega el [1|2]. Fijémonos que repetir el palo de salida del enemigo no es buena jugada, pero en este caso no está mal pues NORTE está obligado a tapar la ficha.

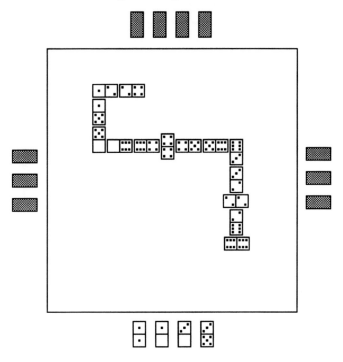

NORTE piensa y tapa su palo de salida con el [2|1|1], repitiendo el 1. OESTE rápidamente juega el [1|1].

Pienso un poco (teniendo dos 3s) y juego una ficha clave: el [1|2]. Si he deducido las fichas correctamente, ESTE no tiene 5s y tendrá que soltar su puerta. NORTE entonces tendrá la oportunidad de ahorcar el [5|5] de OESTE si tapa con el [5|1]. ¿Lo hará? Después de todo, yo he jugado tres 5s y quizás él piense que yo tengo el doble. ¡Si no ahorca el [6|6], OESTE lo jugará y perderemos el juego!

Pero veamos: la puerta del 6 que ESTE juega es el [6|1], y este es el quinto 1 jugado. Yo tengo los últimos dos 1s y, por lo tanto, NORTE estará obligado a jugar el [6|1]. Y así mismo resultan las fichas:

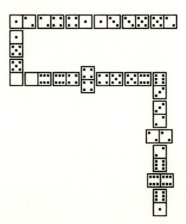

¡Toma! Aunque OESTE sigue siendo el líder, ya no podrá dominar pues su doble está ahorcado. Juega el [1|1] y ahora tengo que tomar una decisión importante.

Aquí está la oportunidad de cerrar el juego, primero cuadrando a 1 con el [1|0], dando un pase general, y después jugando el [1|1]. El problema es que no es asegurado que ganemos (calculen ustedes mismos, pero les adelanto que podemos perder el cierre 16 a 14 puntos). Decido mejor jugar el [1|3], repitiendo el 3 que el compañero puso en su segundo turno. ESTE juega el [3|5] y NORTE el [5|1].

Ahora que le queda una sola ficha a cada otro jugador, podemos saber cuales son con certeza. OESTE tiene el [6|6] ahorcado. NORTE debe tener el [2|1], pues ESTE acaba de ahorcarlo con el [2|5]. La ficha sobrante, el [0|1], debe estar en mano de ESTE.

Veamos el tablero:

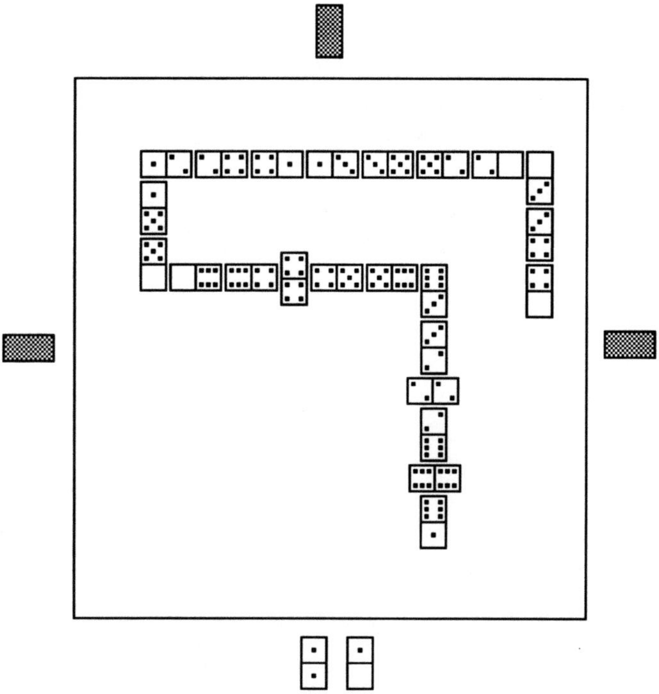

Después que OESTE pasa yo cuadro a 1 con el 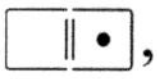, causando un pase general, y domino con el 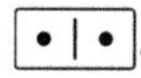.

Nuestro equipo se apunta 16 puntos. Ahora vemos que de cerrar el juego en la ronda anterior lo hubiéramos ganado, pero no estoy triste pues era demasiado arriesgado.

## IV. Cuarto Juego, en el que llevo la posición de Porra (ESTE empieza)

Estas son mis fichas:

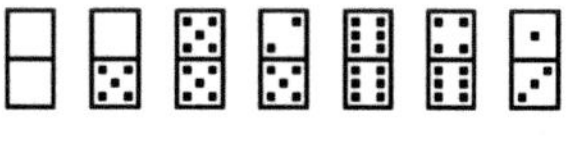

No son muy buenas. No estoy fallo a ningún palo, pero tengo tres dobles y mis fichas tienen muchos puntos. Me preocupa que nos ataquen con los 3s, 2s y 1s.

ESTE empieza con el 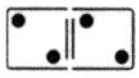. Mi compañero NORTE juega el 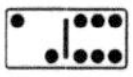 bastante rápido, lo cual es mala noticia:

estamos débiles a 2s. Sin embargo me alegra que jugara un 6, pues tengo dos de ellos (incluyendo el doble).

OESTE cubre el 6 con el ▦. Yo juego el ▦ sin pensar, para indicar que es mi único 2.

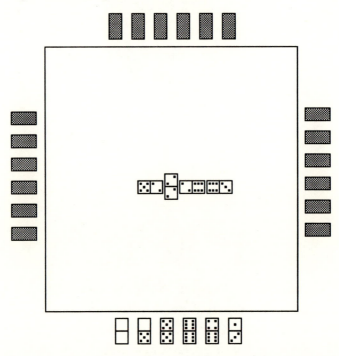

ESTE ahora repite su 2s con el ▦, lo que confirma su dominio de ese palo. Mi compañero repite el 6 con el ▦. ¡Dale duro! Espero que OESTE ahora tenga que tapar el 2 de salida.

No obstante sí tenía un 6, y le pega con el ▦. Estoy poniéndome nervioso al pensar que se me va a ahorcar mi ▦, especialmente si me atacan con un 4 y voy a tener que jugar el ▦.

Tengo una sola jugada, el ▦. Aunque estoy repitiendo el 3 de OESTE, por lo menos evita que se juegue otro 2. Esta jugada también le dice al compañero que no tengo el ▦ en mano o lo hubiera jugado, repitiendo mi primer palo (el 5).

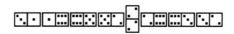

ESTE, que continúa siendo líder, piensa por un rato y le pega a su 2 con el [2|0]. Creo que no tiene 3s, pues tapó su palo de salida; probablemente tiene otros blancos pues, teniendo para escoger, decidió jugar esta ficha.

Mejor todavía, el [0|5] no está jugado y, si mi compañero lo tiene, esta es la oportunidad de jugarlo. Ahora piensa por largo rato, quizás debatiendo si jugar esta ficha o no. Después de todo, él no sabe quién tiene los dos 6s que faltan. Puede asumir que yo tengo el [6|6], pero ¿qué tal si ESTE tiene el séptimo y está "haciendo casita", buscando la puerta de los 6s?

Puede que NORTE también esté pensando porque tiene el [3|3]. Esta es una buena oportunidad para deshacerse del doble, pero quizás sea muy difícil volver a atacar con los 6s si no lo hace ahora.

Quizás me sintió mentalmente pedírselo, porque termina su turno jugando el [0|5].

Ahora OESTE piensa un poco. Quizás aquí esté el [3|3] y está pensando si jugarlo o no. Tiene que saber que si se dobla (y yo tengo el [6|6]), puedo jugar este doble y su compañero (al no tener 3s) va a tener que pasar o quizás soltar la puerta de los 6s. Muy cumplidor, por lo tanto, cubre el 3 con el [2|0], repitiendo el blanco del líder.

Gracias a la repetición del compañero ahora tengo las dos puertas del 6s. ¿Cómo hacer pasar a ESTE? El jugar mi [0|1] es una jugada pobre pues ya deducimos que tiene otros blancos. El [0|5] parece ser mejor jugada pues repito mi primer palo, el 5, y le tapo el blanco jugado por los contrincantes. Juego esta ficha.

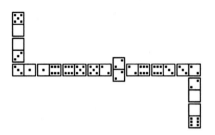

ESTE pasa y ahora mi compañero es el nuevo líder; debe saber que yo tengo los dos 6s que faltan. Piensa un buen rato en el 5, lo que me deja saber que tiene más de uno. Tratemos de deducir estas fichas. El [5|2] no permitiría que se juegue un 2, pero los otros dos 5 sí lo permitirían. ¿Tendrá el [5|1] en mano? Si lo tiene y juega el [5|2] se estará ahorcando su propio doble.

Después de pensar un rato juega el [5|3]. Quiere decir que, o no puede evitar que OESTE juegue un 2s (tiene el [5|3] y el [5|0] en mano y los últimos 2s son el [2|1] y el [2|0]), o que tenía el [5|2] pero también el [5|1] (y no se quería ahorcar su doble). Pienso que hasta quizás está buscando a ver si me llega el 4 y yo pueda cerrar el juego con él.

OESTE juega el [3|3] sin pensar mucho. ¿Se habrá dado cuenta que me está ofreciendo el cierre? Quizás pensó que la ficha de cierre la tiene NORTE. ¡Es mejor que no tenga el [2|1] o su compañero lo va a agredir por no jugarlo!

Ahora me toca pensar sobre el cierre. Después que juegue los dos 6s que quedan, habrán jugado 110 puntos; los puntos en mano son 168 − 110 = 58. Para empatar nuestro equipo debe tener 29 puntos. Yo tengo el [5|5] y el [0|0], un total de 10 puntos. ¿Podrá tener mi compañero 19 puntos en sus tres fichas?

Ya sabemos que tiene otro 5. El más grande que queda por jugar es el [5|3] (8 puntos), restando posiblemente 11 puntos en dos fichas. Las dos fichas más altas que quedan entonces son el [4|3] y el [4|2], que suman a 13 puntos. Esto me dice que el cierre no se gana de seguro.

Recordemos que Norte, en su tercer turno, pensó antes de jugar el ▢|∷. ¿Tendrá otro blanco? Si tiene un sólo blanco, lo cual creo probable por su pensada, ganamos el cierre. Por último recuerdo que acaba de jugar el 4, como si estuviera pidiendo el cierre. La decisión es clara:

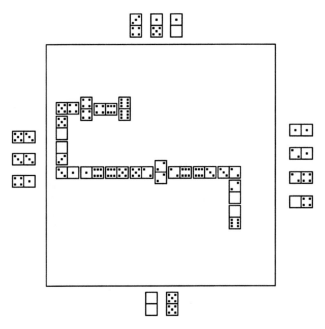

Las jugadas claves en este juego fueron tomadas por mi compañero. El jugó y repitió tres 6s, creando para mí las puertas. Después me pidió el cierre al jugar el ∷|∷. Como vemos, OESTE cometió un error al doblarse con el ∷|∷, pues pudo haber evitado el cierre jugando el ∷|•. Quizás la tentación de doblarse fue demasiado grande, o estaba esperanzado que la ficha de cierre estuviera en mano de NORTE.

Ganamos el cierre 24 a 34, sumándonos 58 puntos a nuestra puntuación.

# APÉNDICE

# Diccionario de Términos Domínisticos

**Ahorcar** – evitar que pueda colocarse un doble al jugar las otras seis fichas de un palo.

**Atril** – superficie inclinada sobre la cual se ponen las fichas para sostenerlas durante el juego. Pueden ser sueltos o estar empotrados en la mesa.

**Cerrar** – cuadrar con la última ficha de un palo haciendo imposible el poder continuar un juego.

**Chiva** – un encuentro que termina con un equipo sin puntos ganados (blanqueada). Recibir una Chiva es vergonzoso y los ganadores tienden a burlarse de los perdedores.

**Cuadrar** – jugar una ficha de tal forma que los dos lados del esqueleto tienen el mismo palo. Es una jugada agresiva que intenta desarrollar el palo y hacer pasar a los contrarios.

**Cubrir** – jugar una ficha sobre un palo al descubierto en el esqueleto.

**Doble** – una ficha que tiene el mismo palo por los dos lados. Se coloca perpendicular al esqueleto. Esta ficha se puede ahorcar.

**Dominar** – ganar el juego mediante poniendo la última ficha en mano.

**Esqueleto** – la estructura que se desarrolla sobre la mesa durante el juego. Las fichas sólo se pueden colocar en los dos lados abiertos del esqueleto.

**Ficha** – una pieza de dominó.

**Ficha de Cierre** – la séptima ficha de un palo que, al cuadrar con ella, cierra el juego.

**Ficha de Cuadre** – la ficha que, al jugarla, presenta el mismo palo por los dos lados del esqueleto.

**Hacer Casita** – jugar de una manera furtiva, tratando de confundir a los contrincantes para que estos desarrollen las fichas que desea el constructor.

**Halar la Mano** – tomar la ofensiva del juego aunque su compañero sea más líder en ese momento.

**Juego** – la sequencia de jugadas que terminan cuando un jugador coloca su última ficha o si ocurre un cierre.

**Mano** – jugador que tiene el menor número de fichas al hacer su jugada. También conocido como "**Líder**"

**2nda-Mano** – el jugador que, después del líder, tiene el menor número de fichas. Si el líder pasa le toma su posición.

**3era-Mano** – el jugador que, después del **2nda-Mano,** tiene el menor número de fichas. Inicialmente es el compañero de juego del **Líder**.

**Mirón** – una persona que ronda alrededor de la mesa, observando la partida.

**Partida** - el encuentro entre dos parejas de jugadores, compuesto de varios juegos. La partida se acaba cuando un equipo gana los puntos acordados para la victoria – usualmente 200 puntos.

**Pase** – cuando un jugador no tiene fichas que jueguen en las esquinas del esqueleto.

**Porra** – el jugador con las más fichas en mano, inicialmente el compañero del **2nda-Mano**.

**Puerta** – la séptima ficha de un palo. Al tenerla en mano nadie más puede jugar por ese lado del esqueleto. Si se puede hacer un cierre, se convierte en la **ficha de cierre**.

**Repetir** – jugar una ficha de tal forma que presente una vez más un palo jugado anteriormente.

**Revolver** – mezclar las fichas boca-abajo antes de empezar un juego, tratando de distribuirlas al azar.

**Ronda** – un turno alrededor de la mesa, cada jugador colocando una ficha o pasando.

**Salida** – la jugada que empieza un juego, la primera ficha en la mesa.

**¡TOMA!** – Mi grito triunfal cuando ahorco un doble.

# Reglamentos de Torneos

El dominó tiene variaciones en sus reglas, dependiendo de cual país o región se considera. En los encuentros amistosos e informales, como lo son la gran mayoría de las partidas que jugaremos, basta las reglas mencionadas en el Capítulo 1.

Para poder llevar a cabo competencias a nivel internacional, sin embargo, se necesita una base fundamental de reglas determinadas por las entidades que organizan tales encuentros. Estas reglas dirigen el juego de tal forma que sea lo más justo e imparcial posible. Se trata de normalizar el comportamiento de los jugadores, para evitar señas o comunicaciones entre las parejas, y para definir las penalidades por jugadas erróneas.

La Federación Internacional de Dominó, junto a otras organizaciones regionales, establece las reglas a seguir en estos torneos o competencias internacionales. Estas reglas pueden cambiar según la decisión de los delegados de congresos y, por lo tanto, recomiendo que visiten:

1) www.dominointernacional.org
2) www.fidominousa.com

para mantenerse al día con sus decisiones.

# Bibliografía

A través de los años he estudiado muchos libros de dominó, los cuales quisiera recomendar al lector. Muchos de ellos están fuera de circulación y sólo restan algunos tomos en bibliotecas individuales.

Estos libros que ahora menciono se pueden obtener con un poco de esfuerzo, especialmente si se buscan en el internet. ¡Continuemos estudiando con ellos!

1. **ABC del Dominó**, por J.M. Vilabella Gomez.
Editorial Hispano Europea S.A., Barcelona, España; 1993.
Es un libro fácil de leer y con un gran humor. Contiene la gran historia (apócrifa, estoy seguro) del zapatero chino que "inventó" el dominó.

2. **El Arte de las 28 Piedras**, por A.F. Porras.
AFP, Caracas, Venezuela; 1997.
Un caballeroso y gentil sabio del dominó ha escrito un libro abundante y exhaustivo. Está bien organizado e ilustrado, con buenos ejemplos de los conceptos presentados.

3. **El Arte del Dominó**, por J.L. González Sanz.
Editorial Paidotribo, Barcelona, España; 2000.
El libro es para el científico del dominó. Presenta las estadísticas y matemáticas que rigen el juego. Incluye un programa de computadora utilizando el sistema Windows.

4. **Dominó Internacional Organizado**, por William Almodovar. Ramallo Bros., Hato Rey, P.R.; 1981
Este libro está escrito por el maestro y Campeón de Puerto Rico, el cual ha estado envuelto en la organización del

deporte en la Isla y en la Federación Internacional. Nos enseña la importancia y método de utilizar la pensada como medio comunicativo crucial entre parejas. Popularizó la salida que lleva su nombre.

5. **Great Book of Domino Games**, por J.A. Kelley. Sterling Publishing Co., New York, N.Y.;1999.

Presenta un gran número de juegos posibles con fichas de dominó. Estos juegos utilizan sets de dominó de doble 6, doble 12 y doble 15. Me enseñó a jugar el Tren Mejicano, el cual se convirtió rápidamente en nuestro favorito cuando queremos jugar más de 4 personas a la vez.

6. **Winning 42**, por D. Roberson. Texas Tech Univ. Press, Lubbock, Texas; 1997.

El juego de "42" se juega mucho en los EEUU, especialmente en los estados sureños. El libro lo nomina como el "Juego Nacional de Texas".

# Índice

Adivinanza de la Puerta Abierta ….. 89-90
Ahorcar dobles ….. 17, 49-55
Almodovar, salida de ….. 32
Análisis de fichas en mano ….. 24-26
Cerrar ….. 74-82
Comunicación ….. 43-48
Cuadrar ….. 10, 39-41
Cubrir ….. 36-37
Diccionario ….. 115-116
Dobles ….. 49-55
    Cuando ahorcar su propio ….. 54-55
    Cuando jugar ….. 49-50
    Cuando no jugar ….. 50-52
    Cuando perseguir ….. 52-53
Dominar ….. 5,11
Ficha abierta ….. 28, 95
Fichas cruzadas ….. 87-88
Haciendo casita ….. 66-68
Halando la mano ….. 63-65
¡Hombre al agua! ….. 92-93
Leyes del Dominó ….. 18-20
Líder ….. 7, 56
Localizar fichas ….. 69-73
Mala repetición ….. 86-87
Pensada ….. 43
Porra ….. 60
Puerta ….. 11
Reglas de juego ….. 3-6
    Torneos ….. 117

Repetir ….. 37-38
Sacrificio ….. 90-92
Salida ….. 27-32
    Sin dobles ….. 28
    Un doble ….. 28-30
    Dos dobles ….. 30-31
    Tres o cuatro dobles ….. 31-32
    Cinco o más dobles ….. 32
Tapar ….. 36-37
¡Toma! ….. 17
Traición ….. 93
Tres puertas ….. 83-84

Printed in the United States
135297LV00003B/234/P